Caroline Clifton-Mogg

Retro Chic

VON OPULENT BIS FARBENFROH
Ein Streifzug durch das Design
des 20. Jahrhunderts

Aus dem Englischen übertragen
von Barbara Meder

Deutsche Verlags-Anstalt

1. Auflage
Copyright © der deutschsprachigen Ausgabe 2016
Deutsche Verlags-Anstalt, München, in der Verlagsgruppe Random House GmbH

Titel der englischen Originalausgabe:
Retro Chic
2016 erstmals erschienen bei Jacqui Small LLP, an imprint of Aurum Press
74–77 White Lion Street
London N1 9PF, Großbritannien

Text © 2016 Caroline Clifton-Mogg
Design & Layout © 2016 Jacqui Small
Fotografie © 2016 Groupe Express-Roularte
Alle Rechte vorbehalten
Verlegerin: Jacqui Small
Redaktion: Emma Heyworth-Dunn
Design: Maggie Town
Lektorat: Sian Parkhouse
Produktion: Maeve Healy
Umschlaggestaltung der deutschen Ausgabe: Sofarobotnik, Augsburg & München
Satz der deutschen Ausgabe: Boer Verlagsservice, Grafrath
Produktion der deutschen Ausgabe: Monika Pitterle/DVA

ISBN 978-3-421-04011-4
www.dva.de
Printed in China

Inhalt

6 Einführung: Was ist Retro?

10 Einrichten im Retro-Stil
14 Klassische Schule
32 Entspannte Bodenständigkeit
44 Industrielle Entwicklung
68 Symphonie in Farbe
90 Stilmix à la Bohème

114 Liebe zum Detail
118 Möbel
140 Beleuchtung
152 Textilien
158 Bodenbeläge
166 Deko-Objekte

174 Raum für Raum
178 Wohnzimmer
192 Esszimmer
206 Schlafzimmer
214 Badezimmer

222 Bildnachweis und Dank

Einführung: Was ist Retro?

DIESES BUCH widmet sich einem besonders faszinierenden Design- und Einrichtungsstil, der vor fast hundert Jahren mit dem Modernismus erste Wurzeln schlug. Vierzig Jahre lang hat er sich entwickelt, und noch heute sind viele Entwürfe so interessant und frisch wie an dem Tag, als sie zum ersten Mal der Öffentlichkeit vorgestellt wurden. Aber bei *Retro Chic* geht es nicht nur um Design des 20. Jahrhunderts. Das Buch zeigt, wie man diesen wundervollen Stil neu interpretieren kann – mit einem stimmigen Mix aus zeitgenössischen Elementen, Vintage-Stücken und echten Designklassikern.

Aber was genau ist eigentlich Retro? Selbst ausgewiesene Designkenner diskutieren darüber, wie man diese Richtung am treffendsten beschreibt. Für manche sind damit Entwürfe aus der jüngeren Vergangenheit gemeint. Für andere dreht es sich um Design aus einer bestimmten Periode, die irgendwo zwischen den 1920er- und 1970er-Jahren liegt. Wörtlich bedeutet die lateinische Vorsilbe *retro* so viel wie »rückwärts« oder »früher«. Das scheint die einfachste Art zu sein, den Stil zu definieren – und ihn gegen die Bezeichnung »antik« abzugrenzen, die beispielsweise für Möbel aus dem 18. Jahrhundert verwendet wird.

Als eine der vielen Folgen des Ersten Weltkriegs wuchs unter der neuen Generation von Architekten, Designern und Künstlern das Bewusstsein, dass es eine andere Art des Gestaltens geben musste – eine, bei der die Funktionalität ebenso wichtig war wie die Form und wo Schlichtheit über verschnörkeltes Dekor ging. Die zeitgenössischen Gestalter fanden ihre Inspiration in den Technologien und Materialien, die man zu Kriegszwecken entwickelt hatte und die es nun für den Einsatz im häuslichen Kontext zu erforschen galt.

Ein wichtiger Motor dieser Bewegung war das 1919 in Deutschland gegründete Bauhaus. Obwohl die Architektur- und Designschule bereits 1933 von den Nazis geschlossen wurde, hatte sie einen Einfluss, der zeitliche und regionale Eingrenzungen weit überdauerte.

Ihre Lehren beeinflussen noch heute fast sämtliche Möbel, die von zeitgenössischen Gestaltern entworfen werden. Zu den krea-

Gegenüber Viele Möbel aus dem 20. Jahrhundert haben ein absolut zeitloses Design. In diesem Pariser Apartment ist vieles noch so, wie es in den 1950er-Jahren entworfen wurde. Aus dieser Zeit stammt auch der Schreibtischstuhl von Pierre Guariche. Als Sahnehäubchen thront eine Sammlung alter Barbiepuppen auf dem offenen String-Regal.

Rechts Dieses moderne Haus in Cornwall ist mit einer Mischung aus Alt und Neu eingerichtet. Der großzügige Wohnraum, der sich zum Garten hin öffnet, hat eine Holzdecke und einen durchgängig verlegten Boden aus oxidiertem Stein. Die riesige Bodenleuchte von Lampadare trennt den Wohnbereich optisch vom Leseplatz mit den Thonet-Stühlen und einem Tisch aus Holz und Metall.

Unten Mit Metall als dominierendem Material versprüht diese Küche einen spröden Industrie-Charme. Kochgeschirr und Küchengeräte verschwinden hinter rustikalen Unterschränken. Die Essecke besteht aus einem in die Jahre gekommenen Tisch und ähnlich verwitterten Stühlen. Darüber hängt eine riesige Leuchte mit orangefarbenem Schirm.

tiven Köpfen des Bauhauses gehörten Walter Gropius, der erste Direktor der Institution, sowie Gestalterpersönlichkeiten wie Marcel Breuer und Ludwig Mies van der Rohe, die dort auch unterrichteten. Weitere einflussreiche Designer aus diesem Umfeld waren Le Corbusier und Charlotte Perriand, Eileen Gray und Alvar Aalto. Einige Jahre später kamen Eero Saarinen und Isamu Noguchi sowie Ray und Charles Eames dazu. So berühmt jeder einzelne von ihnen heute ist – bis auf eine kleine Gruppe von Designern, Architekten und interessierte Laien kannte sie kaum einer ihrer Zeitgenossen. Man kann sich nur schwer vorstellen, wie revolutionär diese Ent-

würfe auf die Menschen des beginnenden 20. Jahrhunderts gewirkt haben müssen. Es wurden Materialien wie gebogenes Stahlrohr, geformter Kunststoff oder Sperrholz verwendet, die man bis dato zumindest im privaten Bereich noch überhaupt nicht kannte. Heute sind diese Werkstoffe nichts Besonderes, aber damals waren sie eine echte Sensation. Überhaupt war alles an dieser Art von Design neu und anders, und das ist vielleicht auch der Grund, warum so viele Möbel aus dieser Zeit noch immer so populär sind. Wie gut sie im Ambiente des 21. Jahrhunderts funktionieren, werden die in diesem Buch gezeigten Wohnungen eindrucksvoll beweisen.

Unten Nicht nur die Betonstreben und Holzdielen sorgen in diesem Raum für Kontraste. Bei der Einrichtung wurden ein plüschiges Samtsofa, ein teilweise entpolsterter Sessel, ein rot lackierter Schreibtisch von der Post, ein Bertoia-Stuhl, eine Fifties-Leuchte und ein filigraner Korbstuhl spannungsreich kombiniert.

EINRICHTEN IM RETRO-STIL

Spielregeln für den Retro-Look

Unten links Eine Wand mit puristischer Durchreiche trennt den Essbereich von der Küche. Um den alten Holztisch sind Tulip Chairs von Eero Saarinen gruppiert.
Unten Mitte Dieses Haus aus den 1920er-Jahren wurde sorgfältig restauriert. In dem Korridor, der zur Terrasse führt, bildet der Drahtgeflechtstuhl von Warren Platner einen schönen Kontrast zu den schlichten Metalltüren.
Unten rechts In einer Berghütte im amerikanischen Georgia wurde Alt und Neu zu einem gemütlichen und sehr individuellen Schlafzimmer kombiniert.
Gegenüber Ein besonders charmantes Beispiel von Retro-Chic: Vor der groben Steinwand steht ein Sideboard aus den 1950ern. Der Esstisch ist mit einer Collage aus alten Landkarten beklebt und wird von zwei Stuhlpaaren umringt. Verbindendes Element zwischen den verschiedenen Möbeln sind die schwarzen Beine aus Metall.

DIE EINBINDUNG von Retro-Elementen in ein modernes Ambiente ist eine echte Herausforderung in Sachen Stil, vor allem, wenn verschiedene Epochen aufeinandertreffen. Mit dem richtigen Händchen funktioniert Retro aber mit jeder Art von Architektur – vom modernen Industrie-Loft über das rustikale Haus auf dem Land bis zur klassischen Stadtvilla mit hohen Decken und Stuck. Tatsächlich haben viele moderne Inneneinrichter bewiesen, dass die Möbel des 18. Jahrhunderts und Entwürfe des 20. Jahrhunderts ein elegantes Paar abgeben, das über modische Trends absolut erhaben ist.

Zu offenen Wohnräumen passt das Design aus dem 20. Jahrhundert besonders gut, was nicht weiter verwundert: Genau so stellten sich die Architekten von damals nämlich das Wohnen der Zukunft vor. Le Corbusier beispielsweise hielt Räume, die nur eine einzige Funktion erfüllen, für überholt und prophezeite ihr baldiges Ende. Das neue Ideal war eine zwanglosere und weniger formale Art zu leben. Darum konzipierte man Möbel, die eine flexible Nutzung erlaubten und bei Bedarf einfach umgestellt werden konnten.

Viele Entwürfe aus dieser Zeit haben einen sehr individuellen Charakter, der sich in großen Räumen erst richtig entfalten kann. Darum braucht man eigentlich nur ein paar ausgewählte Stücke, um ein stimmiges Retro-Ambiente zu schaffen. Wie Ludwig Mies van der Rohe so treffend formuliert hat, ist weniger oft mehr – vor allem, weil echte Designklassiker eine unglaublich starke Präsenz haben. Wie überall ist auch hier das A und O einer gelungenen Inszenierung ein wohlüberlegtes Thema, das sich wie ein roter Faden durch das gesamte Einrichtungskonzept zieht und die ausgewählten Stücke in einen stimmigen Kontext setzt.

Klassische Schule

Genau genommen ist die Bezeichnung »klassisches Retro« nicht ganz treffend. Denn schließlich war das Design, das damit gemeint ist, zu seiner Entstehungszeit geradezu revolutionär. Sogar die für heutige Begriffe zahmen Entwürfe eines Thomas Chippendale haben in der Georgianischen Zeit für reichlich Aufsehen gesorgt.

In Europa versteht man unter klassischem Retro vor allem Entwürfe von prominenten Designern und Architekten des frühen bis mittleren 20. Jahrhunderts – also Ausnahmegestalten wie Ludwig Mies van der Rohe, Le Corbusier, Charlotte Perriand, Ray und Charles Eames, Eero Saarinen oder Harry Bertoia. Als die von ihnen konzipierten Möbel auf den Markt kamen, fanden sie nicht gerade reißenden Absatz. Richtig geschätzt wurden sie erst sehr viel später von den Designfans unserer Zeit. Mittlerweile sind die außergewöhnlichen Objekte begehrte Sammlerstücke – und zwar nicht nur die Originale (die sehr selten und dementsprechend hochpreisig sind), sondern auch die lizensierten Nachbauten.

Der Designstil aus dieser Zeit ist uns heute so vertraut, dass wir uns seiner Bedeutung gar nicht mehr richtig bewusst sind. Dabei haben die Gestalter, die ihn entwickelten, damit eine neue Ära eingeläutet, die sich von der vorhergehenden grundlegend unterschied. Viele von ihnen waren Architekten und haben Möbel konzipiert, die ihren modernistischen Architekturansatz konsequent fortsetzten. Außerdem haben sie die neuen Verfahren und Materialien, die in erster Linie zu Kriegszwecken entwickelt worden waren, gezielt für die Entwicklung einer neuen Formensprache genutzt.

Die Maximen, denen die Designer folgten, waren Klarheit und Einfachheit, kompromisslose Qualität und Liebe zum Detail. Man deklarierte die dekorativen Elemente der vorangegangenen Stilrichtungen als überzogen und übte sich fortan in Zurückhaltung. Die führenden Köpfe waren überzeugt, dass ein geradliniger Ansatz eher dem neuen Zeitalter entsprach, und sollten damit auch Recht behalten. Trotz der Ausrichtung auf die Zukunft warf man Vorbilder aus der Vergangenheit allerdings nicht völlig über Bord: Mit seinen geschwungenen Beinen und dem abgewinkelten Rücken erinnert der Barcelona Chair von Mies van der Rohe an den Klismos, einen Stuhl aus dem alten Griechenland, der auf zahlreichen Artefakten zu sehen ist. Und für die berühmte Chaiselongue von Le Corbusier diente ganz offensichtlich die klassische Liege der Griechen und Römer als Vorbild.

Durch ihre schlanke Linienführung besitzen die Entwürfe des klassischen Retro eine Eleganz, die sie von anderen Retro-Stilen deutlich unterscheidet. Das Selbstbewusstsein, das sie ausstrahlen, rührt nicht allein von markanten Details wie Chromschienen oder Kuhfellpolstern, sondern von den klaren Grundsätzen, nach denen sie konzipiert wurden.

Gegenüber Die gesteppten Bohemian Ledersessel hat Patricia Urquiola für Moroso entworfen. Das niedrige Sideboard aus den 1960ern betont raffiniert die Länge des Raums.
Unten In diesem Flur versammeln sich Möbel, Accessoires und Kunst der unterschiedlichsten Perioden und Stile. Verbindendes Element zwischen den ungleichen Elementen ist die gemeinsame Farbe – in diesem Fall ein tiefes, glänzendes Schwarz.
Rechts In dieser kleinen Ecke ist ein antiker Schreibtisch mit einem schwarzen Tulip Chair von Eero Saarinen und einem Beistelltisch im Napoleon-III-Stil kombiniert. Gekrönt wird das eindrucksvolle Ensemble von einer großformatigen Fotografie.

Links Dieser klassische Salon mit filigranen Stuckelementen wurde mit Sesseln und einem Daybed möbliert, die Pierre Guariche in den 1950ern entworfen hat. Der Couchtisch aus Glas ist ein Designklassiker von Yves Klein.

Gegenüber oben links Der neben einer korinthischen Säule platzierte Stuhl im Flur stammt aus New York. Sitzfläche und Rücken sind aus geflochtenen Lederstreifen.

Gegenüber oben rechts Hier ziehen sich Gegensätze an: Eine Chaiselongue von Le Corbusier, die vor einem antiken Kamin steht, wird von einer abgewinkelten Leuchte aus den 1950ern beschienen. Das Wagner-Porträt an der Wand ist ein Werk des Wohnungseigentümers.

Gegenüber unten Obwohl dieser Raum nur zurückhaltend möbliert ist, wirkt er doch sehr dekorativ. Eyecatcher sind die beiden Sessel von Paola Navone, die geschickt platzierten Leuchten von Gras und natürlich die Originalvertäfelung, die in einem markanten Blaugrün gestrichen wurde.

Obwohl sie unleugbar aus dem 20. Jahrhundert stammen, harmonieren die Entwürfe mit nahezu allen Möbel und Accessoires, egal, aus welcher Epoche sie stammen. In Wohnräumen, die in einem Mix verschiedener Stile eingerichtet sind, setzen sie klare Akzente und schaffen so die nötigen Bezugspunkte, die es für eine ausgewogene Komposition braucht. Richtig platziert und kombiniert unterstreichen sie den Look-&-Feel eines Raums, ohne dominant zu wirken oder gar die Wirkung der anderen Einrichtungsobjekte zu unterdrücken. Kurzum: Sie sind die perfekten Begleiter für zeitlose Interiors, die durch einen subtilen, aber souveränen Look-&-Feel faszinieren.

WOHNBEISPIEL
»STIL-SALON«

Antiquitätenhändler? Set-Designer? Innenarchitekt? Arnaud Caffort ist alles auf einmal. In seinem aktuellen Zuhause sind alle seine Fundstücke zu verkaufen – was Designfans begeistern dürfte.

Arnaud ist ein Mann mit eklektischem Geschmack. Er liebt die Kunst und das Design des 20. Jahrhunderts und bewundert die Arbeit eines Andy Warhol oder Keith Haring ebenso wie die Entwürfe von Ray und Charles Eames. In seinem neuen Apartment hat er Werke dieser und vieler weiterer Künstler versammelt und ist durchaus bereit, sich von dem einen oder anderen zu trennen.

Früher besaß er ein großes Haus in Biarritz, das auch als Ausstellungsraum für seine Antiquitäten diente. Seit seinem Umzug nach Bordeaux lebt er mit seiner Familie in einer großen Stilwohnung aus dem 19. Jahrhun-

Gegenüber Auf dem Fischgrat-Parkettboden liegt ein Ikea-Teppich mit Rautenmuster. Der Couchtisch aus den 1970er-Jahren wird von zwei extravaganten Eva-Stühlen des schwedischen Designers Bruno Mathsson aus der gleichen Zeit flankiert.
Oben In dieser klassizistischen Stadtvilla liegt das große und luftige Apartment von Arnaud Caffort.
Oben rechts Mit einer Neuauflage des Rot-Blauen Stuhles von Gerrit Rietveld und einer Parkbank aus gelbem Lochblech ist die Diele ein Tumult von Farbe und Design. Das Regal, auf dem eine Sammlung von Tukan-Leuchten ausgestellt ist, wurde von Arnaud selbst entworfen.
Rechts Ein weiterer gekonnter Stilmix: Die orangefarbene Standuhr und die Jacken-Skulptur aus den 1970er-Jahren bilden einen spannenden Kontrast zu den schnörkeligen Stuckelementen und der fein gearbeiteten Tischuhr aus dem 19. Jahrhundert.

Links Ebenfalls in der Diele wurde eine Gruppe Soleil-Stühle der französischen Designerin Janine Abraham aus den 1950er-Jahren mit einer Gittersäule kombiniert. Die Taschen und Hüte, die unter dem Gemälde hängen, sind Teil der gekonnten Inszenierung.
Unten links Sonnenspiegel wie dieses Prachtexemplar mit vergoldeten Strahlen waren in den 1950er- Jahren extrem beliebt.
Gegenüber Im Esszimmer wird ein Rosenholztisch von Castiglioni aus den 1960ern von schwarzen und weißen Eames Plastic Side Chairs aus den 1950ern umringt. Die massive Holzverkleidung am Kamin stammt aus dem 19. Jahrhundert und ist mit Keramiken von Primavera dekoriert. Die Deckenleuchten sind ein Entwurf von Mathieu Lusterie.

dert, die direkt an einem öffentlichen Park liegt. Die Art und Weise, wie Arnaud dort seine Sammlung arrangiert hat, ist ein Lehrstück in Sachen Interiordesign. Jedes der Zimmer gleicht eher einer Kunstinstallation als einem Wohnraum und ist doch überraschend anheimelnd.

Schon in der Diele, die einen Mosaikboden mit neoklassizistischen Ornamenten zeigt, beweist Arnaud sein meisterhaftes Stilgefühl. Auf der einen Seite tritt der berühmte Rot-Blaue Stuhl, den Gerrit Rietveld 1918 entwarf und der als eines der ersten Werke des Modernismus gilt, durch seine Primärfarben mit der gelben Parkbank in Dialog. Deren Farbe wird wiederum von einer Arbeitsleuchte auf dem Fensterbrett aufgegriffen, die mit ihrem abgewinkelten Arm auf ein Bücherregal weist. Auf der gegenüberliegenden Seite lädt ein Trio von Soleil-Stühlen aus Rattan und Metall samt passendem Tisch zum Platz nehmen ein. Gekrönt wird das Gesamtkunstwerk »Diele« von einer Leuchte, die wie eine Armillarsphäre an der Decke schwebt.

Ähnlich spannend arrangiert ist auch das Esszimmer der Familie, wo wieder scheinbar Gegensätzliches überraschend harmonisch kombiniert wurde: ein Tisch in warmem Rosenholz mit Kunststoffstühlen in nüchternem Schwarz und Weiß, dazu ein aufwändig geschnitzter alter Kaminsims, bei dem der klassische Spiegel als Blickfang durch ein zeitgenössisches Gemälde ersetzt wurde.

Überraschende Kombinationen wie diese stellt Arnaud mit unnachahmlicher Meisterschaft zusammen. Wenn man sieht, wie die verschiedensten Epochen und Stile in seiner Wohnung harmonieren, könnte man denken, dass ein solcher Stilmix ohne Weiteres gelingt. Tatsächlich braucht es dazu aber nicht nur ein gutes Auge und ein sicheres Gefühl für Proportionen, sondern auch eine gesunde Portion Selbstvertrauen – von dem Arnaud ganz offensichtlich jede Menge besitzt.

WOHNBEISPIEL
»PARISER ELEGANZ«

Ein riesiges Glasdach, das sich über dem Pariser Apartment einer italienischen Kunstexpertin erhebt, macht die Stadt zum Greifen nah. Im Kontext der zeitgenössischen Objekte im Raum wirkt das gegenüberliegende Haus mit seinen symmetrischen Fenstern wie ein riesiges Trompe-l'Œil-Panorama.

Gleich beim Betreten der Wohnung ist man überwältigt von der Lichtstimmung, die hier herrscht. Die raumhohen Fenster geben den Blick frei auf kunstvoll verzierte Fassaden und holen so das Paris des 19. Jahrhunderts in den Raum. Das extrem hohe Apartment, in das ein Zwischengeschoss eingezogen wurde, ist die perfekte Kulisse für die erlesene Kollektion, die von Chiara Monteleone-Travia, einer 34-jährigen Expertin für zeitgenössische Kunst, zusammengetragen wurde.

Das Faible zum Sammeln schöner Dinge hat die gebürtige Mailänderin von ihrem Vater mit auf den Weg bekommen, der sie schon als Kind zu Auktionen und Ausstellungen mitnahm. In Frankreich, wo sie Jura studierte, verfeinerte sie dann ihren Geschmack. Die ers-

Gegenüber Durch die riesige Fensterfront ist das Apartment unglaublich hell. Im Wohnraum ist ein sorgfältig komponiertes Schwarz-Weiß-Ensemble von Möbelsolitären arrangiert. Zu den handverlesenen Stücken gehören ein Eames Lounge Chair in weißem Leder, ein Egg Chair von Arne Jacobsen und ein geschwungener Polsterstuhl mit passendem Hocker, der von Sven Ellekaer in den 1950ern entworfen wurde.

Unten links Über dem Kamin hängt eine Stahlskulptur von Benoit Lemercier. Rechts daneben ist eine Bilderserie von Lee Bae gruppiert.
Unten rechts Die Récamiere von Kerstin Hörlin Holmquist greift die geschwungenen Linien der Lemercier-Skulptur auf.

ten Werke, die sie mit ihrem ebenso kunstbegeisterten Ehemann erwarb, waren zwei Porträts des berühmten brasilianischen Künstlers Vik Muniz.

Neben zeitgenössischer Kunst sammelt Chiara auch Möbelikonen des 20. Jahrhunderts, von denen viele aus dem Fundus der Designexpertin Florence Lopez stammen. Um die Früchte ihrer doppelten Sammelleidenschaft ins richtige Licht zu setzen, brauchte es also einen ganz besonderen Raum.

Als Chiara das Apartment zum ersten Mal besichtigte, präsentierte es sich bei Weitem nicht so durchkomponiert wie heute. Weil man es nach dem Geschmack der 1980er-Jahre umgebaut hatte, war eine umfassende Modernisierung nötig. Um ihre Vorstellungen umzusetzen und Ideen für ein neues Raumkonzept zu entwickeln, holte Chiara den Architekten Etienne Herpin an Bord. Als Reverenz an die geschwungenen Linien der Architektur aus den 1930er-Jahren wurde das bestehende Zwischengeschoss samt Treppe deutlich weicher und fließender gestaltet.

Die neue Glasbalustrade des Zwischengeschosses mag bei manchen ein leichtes Schwindelgefühl auslösen. Durch die interessanten Durchblicke und das Gefühl von Großzügigkeit, das sich unweigerlich einstellt, wird das aber mehr als wettgemacht. Mit fast sechs Metern Höhe ist das Apartment ein riesiger lichtdurchfluteter Raum, der durch die weißen Wände, die reflektierenden Glaselemente und die verschlankte Architektur noch heller und luftiger wirkt.

Die Einrichtung der Schlafräume, die sich an diesen spektakulären Kernbereich anschließen, ist bewusst in sanften Tönen gehalten. »Ich wollte, dass die Wohnung die perfekte Verpackung wird, ein Rahmen, in dem Kunstwerke und Möbel einen klar definierten Platz haben und ohne ablenkendes Drumherum wirken können«, so Chiara. Dass ihr Konzept aufgegangen ist, beweist die Tatsache, dass die Gemälde, Skulpturen, Fotografien und Möbel selbstbewusst ihren Platz einnehmen und in ihrem Zusammenspiel die Wohnung zu einem ganzheitlichen Kunsterlebnis machen.

Rechts In der kleinen Sitzecke unter der Zwischendecke hängt ein großformatiges Gemälde von Farah Atassi. Dazu gesellen sich der FK 87 Grasshopper, eine schwungvolle Chaiselongue von Preben Fabricius und Jorgen Kastholm, und ein kürbisartig gesteppter Lederpouf von Poltrona Frau.

Gegenüber links Das große Schlafzimmer ist ein Rückzugsort in Perlgrau. Zu den Eyecatchern gehört der Fornasetti-Stuhl am Fenster, die Nachttische aus den 1940er-Jahren und der klassische Sonnenspiegel an der Wand.
Gegenüber rechts Im Büro gibt der Teppich von Christopher Farr den Ton an. Zu dem nach Maß gefertigten Doppelschreibtisch sind zwei Bertoia-Stühle kombiniert.

WOHNBEISPIEL
»MODERNE KLASSIK«

Zwei Jahre hat Manfred Geserick damit verbracht, sein Pariser Apartment in der Nähe von Les Halles in ein perfektes und sehr individuelles Zuhause zu verwandeln.

Das Apartment in der Rue Montorgueil liegt im zweiten Stock eines dieser unverkennbar französischen Gebäude – einem hôtel particulier aus dem 19. Jahrhundert. Unter dieser Bezeichnung versteht man herrschaftliche Häuser, wie sie in den Straßenzeilen vieler französischer Städte zu finden sind. Mit zwei Empfangsräumen, Esszimmer, Küche und einem Schlafzimmer mit kleiner Terrasse ist die Wohnung überaus großzügig dimensioniert und bietet somit die perfekte Kulisse für ein Interior mit perfektem Paris-Flair.

Manfred Geserick ist ein echter Globetrotter, der zwischen Italien, Portugal und Frankreich pendelt. Der gebürtige Niederländer, der als Modedesigner und Fashion-Berater arbeitet, nutzt seine Reisen, um Inspirationen für seine Kollektionen zu sammeln. Sein erlesener Geschmack spiegelt sich nicht zuletzt auch in seinem neu gestalteten Wohnraum, wo er mit verschiedenen Stilen jongliert und so dem klassischen Ambiente einen Schuss Modernität und Frische gibt.

»Ich wollte die Räume schlichter gestalten und gleichzeitig ihre Grandeur erhalten«, so Manfred. Seine erste Umbaumaßnahme war das Öffnen der Zimmer, um das einfallende Tageslicht optimal zu nutzen. Danach ging er daran, die typischen Merkmale der Wohnung zu betonen – also die Decken, den Parkettboden, die Paneele und Stuckelemente – und sie als stilvollen Rahmen für seine Sammlung zeitgenössischer Kunst- und Designobjekte zu nutzen.

»Meine Idee war es, den Wandel der Zeit subtil darzustellen, die Räume so ins 21. Jahrhundert zu holen, dass ich die unterschiedlichsten Elemente nach Gusto kombinieren konnte. Ich wollte eine Spannung zwischen den Stilen und Epochen schaffen, bewusst weggehen vom reinen Design, das nur für sich allein schnell unpersönlich und sogar langweilig werden kann.«

Im Wohnzimmer, einem eindrucksvollen Raum mit originalem Fischgratparkett, hat Manfred die getragene Architektur mit einem langgestreckten niedrigen Sofa aus den 1970er-Jahren kontrastiert, das mit moosgrünem Samt bezogen ist. Gegenüber wurden zwei Stühle aus den 1950ern platziert und über dem steinernen Kamin ein Spiegel aus dem 18. Jahrhundert. Das Esszimmer wurde mit einem niedrig aufgehängten Kronleuchter, einem glänzenden Glastisch von Knoll und Thonet-Stühlen aus einem Hotel in der Auvergne möbliert.

Mit sicherem Auge und leichter Hand hat Manfred auch in der Bibliothek interessante Zusammenhänge geschaffen: Die Sofas und

Links Mit dem Knoll-Tisch und klassischen Bugholzstühlen von Thonet serviert das Esszimmer überraschend harmonische Kontraste. Darüber thront ein luftiger Kristalllüster, der aus dem Hôtel de La Trémoille in Paris stammt. An der Schmalseite des Raums umrahmt ein Einbauregal, das eine facettenreiche Objektsammlung beherbergt, eine samtbezogene Bank mit hohem Rücken und freiem Blick auf das gesamte Ensemble.
Gegenüber Mit sicherer Hand wurden auch hier Gegensätze vereint. Der Louis-XV-Spiegel über dem Kamin dient als verbindendes Element zwischen einem Stuhlpaar aus den 1950ern, das vom Flohmarkt stammt, mit einem niedrigen lederbezogenen Tisch, den Manfred selbst gebaut hat.

Rechts Als Pendant zum antiken Spiegel am Kamin wurde über dem Sofa aus den 1970er-Jahren ein vergoldeter Rahmen im XXL-Format aufgehängt. Der Originalboden übernimmt die Aufgabe des stilistischen Bindeglieds zwischen den verschiedenen Bereichen. Bemerkenswert ist der raffinierte Kontrast zwischen den starken Farben der Einrichtung und den neutralen Tönen der Wohnung.

Oben links Trennwand und Regale der Bibliothek sind mit dekorativen Paneelen gearbeitet und in harmonischen Grautönen gestrichen. Auf den Sitzgelegenheiten bilden Bezüge aus Naturleinen und Pelzkissen einen starken Kontrast.
Oben rechts Vor der Wand, die mit antikem Spiegelglas und verschnörkelten Kerzenleuchtern dekoriert ist, steht ein kompromisslos moderner Stuhl von B&B Italia.
Gegenüber Das Esszimmer mit seinen alten Deckenbalken und dem Parkettboden bildet eine dramatische Bühne für den Knoll-Tisch, die Thonet-Stühle und den herrschaftlichen Tropfenlüster. An einer der Längswände hängen Seite an Seite eine Fotografie von François Rousseau und eine Arbeit von Michael van den Besselaar.

Sessel sind passend zu den grau angelegten Paneelen aus dem 19. Jahrhundert und dem von einem Steinsims umrahmten Kamin mit beigegrauem Leinen bezogen. Farblich abgestimmt sind die Bezüge der darauf drapierten Kissen, für die alte russische Pelzmäntel verwendet wurden. Als markanter Akzent dient ein moderner Beistelltisch, auf dessen grauem Fuß eine türkisfarbene Glasplatte liegt.

Viele der Restaurierungsarbeiten hat der Hausherr selbst ausgeführt. Ein kleines Studio neben der Wohnung bietet alles, was man zum Schneiden, Schleifen, Schweißen und wieder Zusammensetzen braucht. Manfreds handwerkliches Geschick zeigt sich nicht zuletzt in der von ihm entworfenen Küche. Gegenüber der Arbeitsfläche aus Granit hat er drei silberne Säulen von der Decke abgehängt, in denen Herd, Kühlschrank und Geschirrspüler untergebracht sind.

Die außergewöhnliche Kreativität, die in jedem Raum zu spüren ist, macht den besonderen Charme der Wohnung aus. Sie weckt unwillkürlich den Wunsch, sich selbst an dem typisch pariserischen Mix aus subtiler Eleganz, Kuriosität und überraschenden Momenten zu versuchen.

Entspannte Bodenständigkeit

Auch für rustikale Objekte ist der Retro-Stil ausgesprochen interessant. Die modernen und oft skurrilen Möbel des 20. Jahrhunderts passen gut zu alten Bauernhäusern oder ehemaligen Wirtschaftsgebäuden, die zu Wohnzwecken umgebaut wurden.

WEGEN IHRER ungekünstelten Bauweise, die für solides Handwerk und ehrliche Arbeit steht, haben ländliche Anwesen viele Liebhaber. Wer sich die Mühe macht, ein solches Objekt zu restaurieren, möchte meist auch die inneren Werte zeigen, die darin stecken. Darum werden charakteristische Elemente wie Balken oder Bruchsteinwände eher freigelegt als akribisch verputzt und gerne mit recycelten Baustoffen ergänzt. Der raue Charme, der sich dadurch entfaltet, steht besonders Möbeln aus den 1950er-Jahren gut zu Gesicht.

Der größte Vorzug von rustikalen Objekten ist ihre natürliche Patina, die ihnen eine Aura von Tradition und Sinnhaftigkeit gibt. Weil bei der Architektur schmückende Ornamente weitgehend fehlen, muss die Einrichtung mehr als nur einen praktischen Zweck erfüllen. Ihre Aufgabe ist es, den nüchternen Räumen die Schwere zu nehmen, für Behaglichkeit zu sorgen und last, but not least eine persönliche Note zu schaffen. Wenn das nicht gelingt, wirkt das Ambiente schnell erdrückend und es kommt nicht das gewünschte Wohlfühlgefühl auf.

Charakteristisch für ländliche Häuser ist der allgegenwärtige Stein. Viele Wände und Böden, die man früher je nach Region aus Bruchstein oder Ziegel baute, sind naturbelassen. Wenn Putz aufgetragen wurde, blieb er meist ungeglättet und ungestrichen. Und natürlich gibt es überall Holz, das den Raumeindruck nachhaltig prägt. Besonders dominant sind die massiven Deckenbalken und Stützstreben, die als tragende Konstruktion eingesetzt wurden (und die man am besten als Gestaltungselemente nutzen sollte, statt sie mehr oder weniger geschickt zu verstecken).

Links *Hier wurde auf dem alten Trockenboden unter dem Dach eine Wohnküche untergebracht. Die unverputzte Steinwand, die rohen Balken und die Eichenholzdielen bestimmen den Charakter des Raums. Der Metalltisch von Axel-Olivier Icard und die Vintage-Metallstühle von Tolix behaupten sich bestens in dem bodenständigen Ambiente.*

Links Durch die sorgfältig ausgewählten Accessoires wirkt der gusseiserne Herd fast schon glamourös. Die moderne Dunstabzugshaube versteckt sich hinter dem neu gestalteten Rauchfang des Kamins.
Unten Die rustikale Anmutung dieses sorgfältig restaurierten Hauses wird von der Farbpalette der Einrichtung unterstrichen: Die Leinenbezüge von Couch und Kissen greifen die Naturtöne der Baumaterialien auf. Der Beistelltisch besteht aus rohen Dielen und einem gerüstartigen Untergestell.

Unten Bei diesem Essplatz im Freien korrespondieren die schlichten Möbel aufs Schönste mit Fichtenbalken und grob verputzten Wänden. Um den weiß lasierten Schreinertisch steht ein gemischtes Ensemble aus hölzernen Klappstühlen und Vintage-Stühlen aus Metall.

Alles in allem bieten alte Landhäuser jede Menge spannender Oberflächen, deren Rauheit allerdings durch weiche Texturen gemildert werden sollte. Gerade in Räumen, die früher zum Arbeiten genutzt wurden, sind Elemente wie Kissen, Teppiche, Bettüberwürfe, Polstermöbel und natürlich auch Vorhänge unverzichtbar.

Ein weiteres wichtiges Mittel, um Wohnlichkeit zu erzeugen, ist Farbe. Sie sollte nicht unbedingt großflächig eingesetzt werden, um den besonderen Look-&-Feel des Rustikalen nicht zu übertünchen. Aber man kann damit Akzente setzen, die Wärme und Kontrast in ein an sich ziemlich neutrales Ambiente bringen.

Interessanterweise funktionieren Möbel aus dem 20. Jahrhundert besonders gut in ländlichen Räumen. Weil sie von der Anmutung her weder alt noch neu sind, passen sie sich fast chamäleonartig jeder Umgebung an. Außerdem bilden die zur Herstellung verwendeten Materialien – also Metall, poliertes Holz, Formplastik oder Fiberglas – durch ihre semiorganische Beschaffenheit eine harmonische Einheit mit den natürlichen Baustoffen. Wichtig ist allerdings, dass die ausgewählten Möbel und Accessoires einen ausgeprägten Charakter haben – nicht unbedingt laut und schrill, aber definitiv nicht bescheiden und unauffällig.

Unten *Diesen großzügig dimensionierten Raum teilt sich das Wohnzimmer mit der Küche. Im hinteren Teil sind der Koch- und der Essbereich untergebracht. Die gemütliche Sitzecke wird von einem Sofa mit rundlich geformten Armlehnen und einem Paar Steiner-Stühle gebildet, die der Besitzer über eine Anzeige in der Lokalzeitung gefunden hat.*

WOHNBEISPIEL
»NORMANNISCHE WERKSTATT«

Elfenbeinküste in Westafrika oder Alabasterküste in der Normandie? Diese umgebaute Werkstatt hat ein bisschen von beidem. Die Textildesignerin Monique Chicot ist Normannin und hat gemeinsam mit ihrem senegalesischen Mann in ihrer Heimatstadt Fécamp eine ehemalige Werkstatt in ein sehr individuelles Wohnhaus verwandelt.

Das Gebäude wurde Anfang des 20. Jahrhunderts errichtet und bot ursprünglich 320 m² Gewerbefläche, die auf vier Etagen verteilt war. Ein wichtiger Aspekt bei Umbau und Renovierung des komplexen Objekts war die Schaffung von ausreichend Ausstellungs- und Stellflächen für die vielen afrikanischen Skulpturen und Möbel, die sich bei den neuen Hausbesitzern im Laufe der Zeit angesammelt hatten.

25 Jahre war Afrika die Wahlheimat von Monique gewesen. In ihrem neuen Zuhause wollte sie nicht nur ihre vielen Erinnerungsstücke unterbringen, sondern auch die Farben, Texturen und am liebsten die ganze Atmosphäre des Landes einfangen, das einen so nachhaltigen Eindruck bei ihr hinterlassen hat.

Wie jede gute Restaurierungsmaßnahme zollt auch dieses Projekt der Architektur und der ursprünglichen Bestimmung des Gebäudes den gebührenden Respekt. Monique und ihrem Mann ist es gelungen, das industrielle Erbe ihres Besitzes zu bewahren – die gekalkten Steinwände, die frei liegenden Balken und Ziegelelemente, das anthrazitfarbene Holzwerk und die gestrichenen oder polierten Originalböden. Gleichzeitig haben sie mit leuchtenden Farben ein gutes Stück Afrika in das einstige Gewerbeobjekt geholt: Ochsenblutrot

Oben Das restaurierte Werkstattgebäude wurde von den Bauherren um zwei Etagen aufgestockt.
Gegenüber Das Wohnzimmer im ersten Stock überblickt die davorliegende Straße. Der Liegestuhl auf der linken Seite stammt von einem französischen Überseedampfer. Markante Mitbringsel aus Afrika sind locker im Raum verteilt: Die beiden Hocker neben dem Sofa und die Stühle aus den 1930er-Jahren, die an der gegenüberliegenden Wand stehen, stammen alle von der Elfenbeinküste.
Rechts Der Boden in der Küche wurde sorgfältig abgezogen und neu versiegelt. Die Küchenzeile haben die Besitzer bei Ikea gekauft. Als Essplatz dient ein alter Arbeitstisch, um den sich Vintage-Bistrostühle scharen. Das Gemälde an der Wand ist eines von Monique Chicots Werken.

Oben links Ein großformatiges Gemälde der Hausbewohnerin korrespondiert mit einem Werk von Jean-Marc Louis, das auf einem Holzstuhl von der Elfenbeinküste steht. Neben dem Stuhl thront eine Naturfaserskulptur aus dem Tschad auf einer schlichten Säule.

Oben rechts Unter der Originaltreppe steht eine Bank, die von einem Malinke-Künstler gefertigt wurde. Weiter hinten sieht man den fachkundig restaurierten Kamin.

Gegenüber In dieser Ecke des Raums, der als Arbeitszimmer dient, wurden afrikanische Objekte mit zeitgenössischen Möbeln, Industrieregalen und einer fantasievoll geformten Leuchte aus gedrehtem Metallrohr kombiniert.

im Badezimmer, Limonengrün in der Küche, Goldgelb im Eingangsbereich. Diese Farben, die man in Teilen Afrikas traditionell für die Gestaltung von Textilien und Wohnräumen verwendet, bilden nicht nur einen lebhaften Kontrast zu dem zurückhaltenden Ambiente, sondern auch zu den Gemälden von Monique, die meist in gedeckten Erd- und Mineraltönen gehalten sind.

Die Möbel, die das Haus füllen (oder besser gesagt: nicht füllen), passen sich an den kompromisslos industriellen Look-&-Feel ihrer Umgebung an. Viele der Stücke – schwere Holzstühle, gedrungene Hocker, niedrige Tische und zwei geschnitzte Lehnstühle in der Form von Hängematten – hat Monique von der Elfenbeinküste mitgebracht. Diese Sammlerstücke werden mit europäischen Fundstücken kombiniert: einem Arbeitstisch aus einem Textilkontor, alten Bistrostühlen oder einem gepolsterten Deckchair, der früher einmal an Deck des legendären Linienschiffes »France« gestanden hat. Die Klammer zwischen ethnischen und nostalgischen Elementen bildet die betont zeitgemäße Beleuchtung.

Durch sorgfältiges Auswählen und sensibles Gestalten ist Monique eine Tour de Force gelungen, die geschickt die Brücke zwischen zwei extrem unterschiedlichen Kulturen schlägt.

WOHNBEISPIEL »REDUZIERTES COUNTRY«

Lyons-la-Forêt verzaubert mit entzückenden Häusern, die im 17. Jahrhundert aus rosa Backstein und Fachwerk gebaut wurden. Cyrille und Julie Viard wollten dieses Genre neu interpretieren – mit einem Touch Industrie-Look als Pendant zu dem traditionellen Charme.

Im Herzen eines imposanten Buchenwalds liegt Lyons-la-Forêt, eines der schönsten Dörfer der Normandie. Glanzstück des bestens erhaltenen Örtchens ist der zentral gelegene Place des Halles, der so typisch französisch ist, dass er nicht nur für einen, sondern gleich für zwei Verfilmungen von Gustave Flauberts Roman »Madame Bovary« als Kulisse diente (in der ersten von 1933 führte Jean Renoir Regie, in der zweiten von 1991 Claude Chabrol). Für die Kinofans Cyrille und Julie Viard, die das Interioratelier *L'Empreinte* führen, war das ein Grund mehr, sich dort häuslich niederzulassen.

Nach zehn Jahren in Paris hatte Cyrille genug vom Stadtleben. Er kaufte das Haus, in dem er als Kind gewohnt hatte, und zog gemeinsam mit Julie in seine alte Heimat zurück. Natürlich mussten Grundriss und Design komplett neu überdacht werden, und schon bald hatten die neuen Besitzer das Objekt vom Keller bis zum Dachboden komplett auf den Kopf gestellt.

Oben Vor dem mit Glyzinien bewachsenen Bauernhaus stehen Metallstühle und ein runder Tisch aus den 1950er-Jahren.
Rechts Der Raum wurde geöffnet und gibt jetzt den Blick auf die alte Stiege frei. Die früheren Stufen und das Geländer aus Metall wurden durch Elemente aus Eiche ersetzt. Auf dem Sofa liegt eine Vintage-Steppdecke, davor steht ein Tisch aus den 1950ern. Hinter dem alten Arbeitstisch neben der Tür hängen Radierungen und Aquarelle von Jean Hulin.

Gegenüber Dreh- und Angelpunkt der Küche, die nur durch Balken und eine halbhohe Backsteinmauer vom Wohnbereich getrennt wird, ist ein Vintage-Tisch, der zur Essensvorbereitung und auch zum Essen genutzt wird. Die Metallstühle stammen aus den 1950er-Jahren.
Rechts In einer Ecke, die besonders schöne Balkenelemente zeigt, laden ein Kinderstuhl und ein Lehnstuhl aus den 1950ern zum Sitzen ein. Die Deckenleuchte besteht aus gläsernen Isolatoren und wirkt wie ein modernes Mobile. An der Wand hängen Porträts von Julies Familie und Tuschezeichnungen von Alain Bonnefoit.
Unten rechts Unter dem Originalfenster des kleinen Arbeitszimmers steht ein Schreibtisch im Napoleon-III-Stil, den die Viards bei einem Lebensmittelhändler in Lyons entdeckt haben. Die Stühle, die Anfang der 1920er-Jahre hergestellt wurden, und die Wandleuchte aus Metall tragen zur Arbeitsatmosphäre bei, die in dem Raum herrscht. An der Wand hängt eine Sammlung von Hexenspiegeln.

Wie so viele alte Häuser hatte auch das neue Heim der Viards schmale Fenster und kleine Räume, die es dunkler wirken ließ, als man sich das wünschte. Um das einfallende Tageslicht optimal zu nutzen, wurden die Räume soweit wie möglich entkernt. Die tragenden Bauteile mussten natürlich stehen bleiben, aber zumindest konnte man im Erdgeschoss die Wand zwischen Wohnzimmer und Küche aufbrechen, so dass nur noch die schönen rustikalen Ständer und Querbalken stehen blieben. Nachdem der Raum nun offen und deutlich heller war, gingen die Besitzer noch weiter. Sie entfernten den Lehmputz, um den darunterliegenden Backstein freizulegen, und beizten die gestrichenen Balkenelemente ab, um sie anschließend zu patinieren.

Heute befinden sich neben dem Wohnzimmer auch ein Arbeitszimmer und eine kleine Bibliothek. Im Zentrum der Küche, die sich zum Wohnraum öffnet, steht ein großer Tisch mit Metallstühlen. Eine Tür mit Glaseinsätzen, die ebenfalls dafür sorgt, dass mehr Licht ins Haus kommt, führt zu einem sommerlichen Essplatz im Garten. Über die offene Treppe gelangt man zu den Schlafräumen im Obergeschoss – eine Flucht kleiner Zimmer mit schrägen Decken, freiliegenden Balken und Wänden, die in pudrigen Kalkfarben gestrichen sind.

Cyrille und Julie haben ihr Haus mit einer geschickten Kombination aus industriellen und rustikalen Möbeln eingerichtet. Dominante Elemente aus Metall und Holz werden mit dicken Kissen und weichen Decken ausbalanciert. Als Wandschmuck dient eine bunte Sammlung von Zeichnungen, Aquarellen und Gemälden, von denen viele von Jean Hulin stammen, einem der Großväter von Julie. Die Atmosphäre ist entspannt und gemütlich – und passt somit perfekt zur unaufgeregten Stimmung, die das alte Dorf charakterisiert.

Industrielle Entwicklung

In den vergangenen Jahrzehnten hat sich vor allem in größeren Städten eine besonders interessante Art von Wohnumfeld entwickelt: Als urbanes Pendant zu ländlichen Scheunen oder Stallungen werden ehemalige Werkstätten, Fabriken oder Lagerhäuser von Liebhabern außergewöhnlicher Objekte in großzügige und komfortable Apartments verwandelt.

WEIL SIE als Arbeitsräume jede Menge Menschen und Maschinen beherbergen mussten, sind Gewerbeimmobilien in der Regel extrem gut geschnitten. Viele wirken trotz ihrer soliden Bauweise hell und luftig und bieten mit ihren großzügigen Dimensionen viel Raum, um unterschiedlichste Einrichtungskonzepte zu realisieren.

Egal, ob man sich eher von den strukturellen Gegebenheiten oder dem industriellen Charme dieser Bauten angesprochen fühlt – beim Entwurf des neuen Wohnambientes sollte man auf jeden Fall den individuellen Charakter des Gebäudes respektieren – etwa die typischen Materialien, die in einer Fabrik oder Werkstatt zum Einsatz kommen. Außerdem gilt es zu bedenken, dass es selbst bei den besten Objekten immer ein schwieriges Element gibt, das man nicht einfach eliminieren kann. Am besten funktioniert der Umbau, wenn man den Look-&-Feel der früheren Arbeitsumgebung erhält – die metallenen Tür- und Fensterrahmen, die Konstruktion aus Holz- oder Stahlträgern oder den Originalboden.

Generell sollte man bei den Farben und Materialien bleiben, die früher bei Gewerbeimmobilien üblich war: einem schwarzen oder grauen Anstrich für Fensterrahmen oder Metallträger, aufgearbeitete oder originalgetreu gestaltete Fliesen- oder Dielenböden, Fensterläden im betont schlichtem Design. Außerdem sollte man im Kopf behalten, dass

Links In diesem Eingangsbereich, der in das Wohnzimmer führt, wurde alles erhalten – von den eisenverstrebten Innenfenstern über den gefliesten Boden bis zum Rippenheizkörper. Die verschiedenen Grautöne der Farbpalette halten die Elemente optisch zusammen.
Gegenüber Der Umbau eines Gewerbeobjekts kann ein echter Hauptgewinn sein, vor allem, wenn man eine gelungene Verbindung zwischen Gestern und Heute schafft. In der offenen Küche wurden Metall, gekalktes Holz und Zement zu einem Ensemble kombiniert, das grafisch klar und dennoch sehr wohnlich ist.

Teppiche ebenso wenig in ein industrielles Ambiente gehören wie üppige Vorhänge oder verspielte Kissen.

Was das Interior der neuen Wohnung angeht, passt natürlich alles, was de facto zum Arbeiten verwendet wurde – metallene Aktenschränke, offene Blechregale und alte Ladentheken als Aufbewahrungslösungen, Werkbänke als Esstisch oder Arbeitsflächen, Holzpaletten als rustikale Couch- und Beistelltische.

Natürlich müssen nicht alle Einrichtungsgegenstände aus dem gewerblichen Bereich stammen. Möbel und Accessoires sollten aber nicht zu leichtgewichtig oder gar filigran sein. Am besten funktionieren kantige und doch wohnliche Objekte – dick gepolsterte Sessel und Sofas aus den 1950er-Jahren beispielsweise machen sich in einer ehemaligen Fabriketage immer gut. Auch Retro-Klassiker aus gebogenem Sperrholz oder Formkunststoff können sich durch ihr markantes Design und ihre industriell geprägten Fertigungsverfahren in diesem Ambiente bestens behaupten, weil es sozusagen ihr natürliches Habitat ist.

Die Wände bleiben am besten so, wie sie ursprünglich angelegt waren, nämlich neutral bis weiß. Farbe sollte man nicht durch einen flächigen Anstrich ins Spiel bringen, sondern ausschließlich durch Bilder und Objekte. Die freien Flächen, die zum Hängen zur Verfügung stehen, bieten auch großformatigen Werken reichlich Platz zum Wirken.

Auch Beleuchtungselementen tut es gut, wenn sie einen industriellen Touch besitzen. Als effektvollen Hingucker kann man allerdings auch einen überdimensionalen Kronleuchter aufhängen, der durch seine Opulenz einen spannenden Kontrast zum nüchtern gehaltenen Ambiente bildet.

Gegenüber Die Glaswand, die das kleine Lese- und Wohnzimmer von der Küche trennt, bildet den passenden Rahmen zur ungewöhnlichen Milk Bottle Leuchte von Droog Design. Bei der Möblierung wurden Familienerbstücke mit modernen Objekten wie den Stühlen von Tolix kombiniert.
Oben rechts Aus der früheren Werkstatt ist ein lichtdurchflutetes Wohnzimmer geworden. Tisch und Stühle im Industrie-Look – ein Entwurf von Ben Higgins – sind aus afrikanischem Mahagoni und Aluminium gefertigt. Die organisch geformte Stehleuchte von Kundalini ist eine Hommage an die 1960er-Jahre.
Rechts Die Metallstreben, die im Kontrast zu dem hellen Stein und den nachgebauten Fensterläden stehen, bestechen durch ihre schlichte Linienführung.

Links Der Arbeitsbereich des Apartments wird durch eine Sammlung alter Schallplatten und ein an der Tür aufgehängtes Flipperspielfeld aufgelockert.
Gegenüber Der Wohnbereich in Stuart Haygarths Loft ist ein charmantes Ensemble aus Vintage-Stücken und Neukäufen. Zu letzteren gehören Sofas von Hella Jongerius und Stühle von Ronan und Erwan Bouroullec. Sowohl der Couchtisch als auch die umgebaute Bodenleuchte stehen auf Rädern. Vintage-Deckenleuchten und ein großer Holzofen fügen sich harmonisch ins Bild.

WOHNBEISPIEL
»FABRIK DER FUNDSTÜCKE«

Der Bildhauer Stuart Haygarth ist ein eifriger Sammler von Vintage-Stücken. Seine Schätze hortet er in seinem Londoner Loft, einer Künstlerwohnung, in der jedes Möbelstück eine Geschichte erzählt.

Stuart Haygarth ist ein Gestalter, der für seine Skulpturen und Objekte die verschiedensten Fundstücke verwendet. Das können die Gläser von alten Korrektionsbrillen sein, Weinkelche aus transparentem Kunststoff oder Plastikkitsch aus dem Ramschladen um die Ecke. Nichts wird weggeworfen, alles wird transformiert. »Skulpturen des Funktionalen« nennt der Künstler seine ungewöhnlichen Werke. Leuchten sind ein Arbeitsfeld, das ihn besonders fasziniert und das er immer wieder neu auslotet. Für ein öffentliches Gebäude in Ipswich hat er einen spektakulären Lüster aus 36 Tütüs von Mitgliedern des Russischen Balletts kreiert, andere Objekte sind aus Treibgut vom Strand gefertigt. »Bei meiner Arbeit dreht es sich darum«, so der Künstler, »banalen und unscheinbaren Objekten eine neue Bedeutung zu geben.«

Rechts Die Totale enthüllt die Proportionen des Apartments, an dessen Stirnseite eine Edelstahlküche eingepasst ist. Der Esstisch wird von elf niedrig gehängten Tulpenleuchten von Carnival aus den 1920ern beschienen. Jedes Exemplar zeigt ein anderes Design.

Sein Zuhause, das er mit der Fotografin Melanie Mangot und der gemeinsamen Tochter Billie bewohnt, präsentiert sich nicht ganz so extrem. Doch auch dort sind zahlreiche recycelte und restaurierte Objekte versammelt. Die geräumige Wohnung in Shoreditch, einem Stadtteil im Londoner East End, war früher eine Fabrik. Beim Umbau hat Stuart neben den vorhandenen Metallelementen auch die freiliegenden Balken und die Böden aus hellen Eichendielen erhalten. Statt in dem üblichen Schwarz sind Fensterrahmen und Streben jetzt allerdings in einem pudrigen Grün angelegt.

Weil der Raum weitgehend offen gehalten wurde, ist er wunderbar hell und luftig. Die verschiedenen Wohn- und Arbeitsbereiche verteilen sich auf unterschiedliche Zonen des Apartments. An einer der kürzeren Wände wurde eine offene Küche installiert, die nahtlos in den Essbereich übergeht. An dem großen Tisch sind unterschiedlichste Vintage-Stühle versammelt, darüber hängen ebenso unterschiedliche Glasleuchten in Tulpenform. Auf der gegenüberliegenden Seite befindet sich eine großzügige Sitzecke, an die sich ein Arbeitsbereich mit einem Schreibtisch direkt am Fenster anschließt. Im Treppenhaus, das Unter- und Obergeschoss verbindet, hat Stuart Bücherregale als alten Bauteilen eingepasst. Die gesamte Einrichtung ist eine harmonische Verbindung aus Alt und Neu, bei der Schränke und Sideboards aus Vintage-Quellen mit Sofas und Sesseln kombiniert wurden, die aus der Feder zeitgenössischer Designer stammen. Das Ambiente wirkt wunderbar unaufgeregt und gleichzeitig sehr selbstbewusst. Sein Geheimnis liegt in der Tatsache, dass jedes der ausgewählten Objekte nicht nach seinem tatsächlichen Wert bemessen, sondern als verborgener Schatz mit unerschöpflichem Potenzial betrachtet wird.

Gegenüber Die Schaukel markiert die Trennung von Wohn- und Arbeitsbereich und trägt zur spielerisch leichten Atmosphäre der Wohnung bei.

Oben Die zum Bersten gefüllten alten Bücherregale über dem Treppenaufgang werden von einem Stuhl aus geformtem Kunststoff und Chrom flankiert.

Links Eine Außenansicht der liebevoll restaurierten Maison Collongue, die früher statt Übernachtungsgästen Seidenraupen beherbergte.
Unten links und rechts Durch den behutsamen Umbau kommt die Originalarchitektur mit ihren Naturmaterialien hervorragend zur Geltung. Die offene Treppe führt zu vier gemütlichen Schlafräumen im Obergeschoss. Wände und Decken wurden sandfarben gekalkt.

WOHNBEISPIEL
»GEKALKTE WÄNDE«

Der Wunsch, ein weniger hektisches Leben zu führen, brachte Guillaume Toutain dazu, aus einem alten Bauernhof im Luberon die Maison Collongue zu schaffen – ein kleines Bed & Breakfast, das gleichzeitig das Zuhause ist, das er sich schon immer gewünscht hatte.

Lourmarin ist eine kleine Ortschaft im Luberon, eine der beliebtesten Regionen der Provence. Schon mehrere Jahre hatte Guillaume Toutain, der als Kreativdirektor in Paris arbeitete, darüber nachgedacht, sich »irgendwo im Süden, wo es ruhig und grün ist« niederzulassen. An einer Flusskreuzung in der Nähe von Lourmarin fand er seinen neuen Heimathafen: ein traditionelles Gehöft mit Wirtschaftsgebäuden und Wohnhaus. »Es war die Erfüllung eines Kindheitstraums«, erinnert sich Guillaume. »Nach all den Jahren, in denen ich Projekte für andere umgesetzt hatte, bot sich endlich Gelegenheit, mein eigenes Ding zu machen.«

Wie viele Anwesen in diesem Teil Frankreichs wurde auch dieses Objekt zur Zucht von Seidenraupen genutzt. Es bestand aus einem Arbeits-

Diese Seite Die Einrichtung des Objekts trägt unter anderem die Handschrift von Charlotte Olofgörs, die eine ausgeprägte Vorliebe für Retro-Design hat. Für den Eingangsbereich kombinierte die Antiquitätenhändlerin ein freistehendes Regal aus den 1950er-Jahren mit einer Neuauflage des Eames-Klassikers La Chaise und einem abstrakt gemusterten Teppich aus den 1970ern.

Diese Seite Die schlichten Räume mit ihren Gewölbedecken sind eine schöne Kulisse für Möbelklassiker aus dem 20. Jahrhundert. Der Esstisch wurde 1958 von dem Dänen Svante Skogh entworfen, die Stühle stammen von Charles Eames und Arne Jacobsen.

bereich, der im 17. und 18. Jahrhundert errichtet wurde, und einem Bauernhaus, das im 19. Jahrhundert dazu kam.

Nach neun Monaten intensiver Arbeit hatte er das komplette Anwesen umgebaut. Sämtliche Zimmer waren neu aufgeteilt und strukturiert. Die zwei Trakte des Anwesens wurden mit einem Raum verbunden, der als Bibliothek dient und das neue Ensemble typisch provenzalisch und gleichzeitig sehr modern wirken lässt. Die Wände der Bestandsbauten wurden fachmännisch restauriert und ziehen sich jetzt wie weiße Wellen durch alle Räume.

Wie geplant, hat Guillaume aus einem Teil des Objekts ein intimes Bed & Breakfast gemacht. Neben der perfekt eingerichteten Profiküche und dem gut geschnittenen Frühstücksraum gehört zu dem charmanten Rückzugsort auch ein großer Salon, der durch seine hohe Decke besonders großzügig wirkt. Im Erdgeschoss sind Wände und Decken sandfarben angelegt, während das Obergeschoss komplett in reinem Weiß gestrichen wurde.

Als die Hauptarbeiten abgeschlossen waren, konnte die zweite Phase des Projekts starten. Die Möblierung sollte sich unaufdringlich in das Ambiente fügen, damit die ruhige Anmutung der Architektur erhalten blieb. Guillaume beschloss, bei der Einrichtung des Objekts nach »radikal ästhetischen« Gesichtspunkten vorzugehen. Durch einen glücklichen Zufall lernte er Charlotte Olofgörs kennen, die gerade eine ganze Sammlung von Vintage-Möbeln aus ihrer Galerie im benachbarten Bonnieux nach Lourmarin geholt hatte. Der Kreativdirektor und die Designexpertin, deren besondere Liebe der skandinavischen Schule gilt, verstanden sich auf Anhieb und richteten gemeinsam Raum für Raum ganz individuell ein. Aus Charlottes Fundus nordischer Entwürfe fanden jede Menge geradliniger Stühle, Sessel, Tische und Bänke den Weg in Guillaumes Traumobjekt. So wurde hier eine Kommode von Omann Junior aus den 1960er-Jahren und ein Ryor-Teppich, dort ein Sofa aus himmelblauer Wolle von Johannes Andersen und eine Handvoll Radierungen und Drucke arrangiert. Nach und nach bildete sich der typische »Collongue-Stil« heraus, der auch im Außenbereich bestens funktioniert. Dort serviert Guillaume bei schönem Wetter seinen Gästen nicht nur das Frühstück, sondern auch ein göttliches Dinner.

Oben rechts Die Ruhe des Eingangsbereichs setzt sich in den Schlafzimmern fort. Jedes von ihnen ist mit Vintage-Stücken und weißen Vorhängen ausgestattet. Für farbige Akzente sorgen Eyecatcher wie der skandinavische Teppich in leuchtendem Gelb.
Rechts Geschirr und Gläser im Essbereich sind in einer offenen Anrichte im typischen Fifties-Design untergebracht, die auch als Ausstellungsfläche für eine Sammlung von Vasen aus Skandinavien dient.

WOHNBEISPIEL
»URBANE BOHÈME«

*Das Haus von Karine Striga liegt mitten in Marseille.
Sein herrlich grüner Garten macht es zu einer Oase
der Ruhe in einer hektischen Stadt.*

Es ist schon überraschend, in einer dynamischen Stadt wie Marseille, wo Modernisierung die allgegenwärtige Parole ist, ein Haus wie das von Karine Striga zu finden. Das ungewöhnliche Objekt stammt aus dem 19. Jahrhundert und war mehr oder weniger gut erhalten, als die ausgebildete Architektin es kaufte. Sie erkannte auf den ersten Blick, dass sich viel von der alten Grandeur relativ unaufwändig wiederherstellen ließ. Dazu brauchte es allerdings einiges an Energie und vor allem einen guten Schuss Wagemut. Alte Parkettböden mussten abgeschliffen, Keramikfliesen ausgebessert und poliert, Stuckelemente restauriert und Wände gestrichen werden. Normalsterbliche hätten jede dieser Maßnahmen vielleicht als echte Sisyphusarbeit angesehen, für Karine war das alles überhaupt kein Problem. Mit einem Abschluss der École Nationale Supérieure d'Architecture de Marseilles in der Tasche und der Erfahrung, die sie bei der Renovierung eines Lofts im Süden der Stadt gesammelt hatte, war sie auf diese Herausforderung bestens vorbereitet und führte sämtliche Renovierungsarbeiten nicht nur fachmännisch, sondern mit viel Gespür für Ausgewogenheit und Harmonie durch.

Das fertige Haus ist eine sehr spezielle Mischung aus verschrobenem Charme und Industrial Chic, die von Karine mit leichter Hand gezaubert wurde. Und wie bei allen richtig guten Einrichtungskonzepten wurde auch hier kräftig an Konventionen gerüttelt. So hängen an den großen Fenstern des Wohnzimmers – das Paradebeispiel eines französischen Salons aus dem 19. Jahrhunderts – weder schwerer Samt noch raschelnde Seide, sondern duftige Vorhänge aus weißer Baumwolle. Zu dem ebenfalls in Weiß gehaltenen Sofa wurden höchst

Gegenüber Hinter der Fassade des klassischen Stadthauses, das in einer begrünten Straße steht, versteckt sich ein überraschender Mix aus klassischer Architektur und jungem Design.
Links Wie alle Räume wurde auch das Wohnzimmer sehr individuell eingerichtet. Die beiden ungleichen Sofas tragen einen Bezug aus naturbelassener Baumwolle. Die niedrigen Tische sind ein Flohmarktfund. Vor dem restaurierten Kamin hat es sich der Schaukelstuhlklassiker aus den 1940ern bequem gemacht. Für einen luftigen Touch sorgen die Vorhänge mit Lochmuster und eine verspielte Vogelkäfigleuchte.
Unten Der Eingangsbereich mit der imposanten Stuckdecke beherbergt ein Sammelsurium von Bildern und Spiegeln, darunter ein Exemplar mit schwerem Goldrahmen und ein Sonnenspiegel aus den 1950er-Jahren.

unkonventionell ein knallroter Eames Plastic Armchair und niedrige Tischchen aus alten Holzpaletten kombiniert.

Als skurriler Blickfang dienen eine Hängeleuchte, die als metallener Käfig mit bunter Vogelschar gearbeitet ist, und die Kalligraphie »Les murs ont des oreilles…« (also »Wände haben Ohren«), die sich an der rechten Seite des Kamins vom Sims in Richtung Decke zieht.

Der Stil der Küche ist pragmatisch-industriell gehalten, ohne dass auf humorvolle und spielerische Elemente verzichtet wurde. Über einem grauen Unterschrank aus Metall sind weiß lackierte Regalböden montiert. Der Hochschrank zwischen den Fenstern wurde früher zur Aktenablage genutzt. Die matt gestrichenen Wände bilden einen spannenden Kontrast zu den glänzenden Plexiglashockern vom Trödel. Für die nötige Leichtigkeit sorgen Details wie die Teetassen-Leuchten aus weißem Porzellan oder der kleine Wandschrank, der mit Seiten einer chinesischen Zeitung ausgekleidet ist. Es ist genau wie Karine sagt: »In diesem Haus ist alles ganz unkompliziert.«

Gegenüber und oben links Die große Küche, die Arbeits- und Essbereich vereint, ist in kühlen Farben gehalten – grau gestrichene Wände, anthrazitfarbene Industrieschränke, weiß lackierte Regale aus dem Baumarkt und Arbeitsplatten aus hellem Stein. Zum Sitzen dient ein Mix aus transparenten Vintage-Hockern, Stühlen aus Formkunststoff und einem alten Werkstatthocker. Für die Beleuchtung über dem Küchentresen wurden umgedrehte Teetassen zweckentfremdet.

Oben rechts Auf dem metallenen Aktenschrank steht eine Sammlung schöner Glaskaraffen aus dem 19. und 20. Jahrhundert. Dahinter wurde eine extravagante Wanduhr platziert.

WOHNBEISPIEL
»INDUSTRIE LIGHT«

In punkto Design mangelt es Michel Peraches und Eric Miele nicht an Fantasie. Entsprechend kreativ ist ihre Interpretation eines zeitgemäßen Lofts.

Sowohl Michel Peraches als auch Eric Miele, die auf dem Paul-Bert-Markt im Pariser Stadtteil Saint-Ouen mit Antiquitäten handeln, sind mit dem Thema Industrial Chic bestens vertraut. Nicht umsonst haben sie sich auf diese Art von Design spezialisiert und mehrere Gewerbeobjekte in extravagante Wohnungen umgestaltet. »Uns ist es wichtig, jedes Gebäude mit dem gebührenden Respekt zu behandeln. Wir wollen den Geist, der es beseelt, wiederaufleben lassen und so ein Stück Paris bewahren, das am Verschwinden ist.«

Gegenüber Die tragende Konstruktion des Gebäudes spielt eine wichtige Rolle bei der Aufteilung des Wohnzimmers. Eingerichtet ist der Raum mit einem Mix verschiedenster Objekte, von denen jedes für sich ein kleines Schmuckstück ist. Hier bilden ein zeitgemäßes Sofa von Caravane mit dem Barcelona Chair von Mies van der Rohe und eine Bodenleuchte von Gras aus dem Jahr 1922 ein kommunikatives Ensemble.
Oben Auch die außen liegenden Balken und Ständer des früheren Werkstattgebäudes wurden fachgerecht restauriert.
Oben rechts Für den durchgängig verlegten Boden wurde das Parkett eines Ballsaals geborgen und sorgfältig aufbereitet. Farblich abgestimmt ist der niedrige Tisch aus alten Paletten.
Rechts Der Glaserker mit den Metallrahmen und das massive Gebälk sind typisch für die Werkstätten, die früher im gesamten Viertel zu finden waren. Die neuen Besitzer freuen sich über die Fülle an Tageslicht, die den Raum durchflutet.

Eines ihrer Umbauprojekte war allerdings nicht für einen Kunden bestimmt, sondern für sie selbst. Ihr Traumobjekt fanden sie im Herzen des 11. Arrondissements, in der obersten Etage eines Gebäudes, in dem früher Möbelmacher arbeiteten. Ohne dem Raum seinen ursprünglichen Charakter zu nehmen, schufen sie daraus ein helles und modernes Zuhause, in dem es sich sehr komfortabel wohnt.

Die Basis ihres Einrichtungskonzepts bildeten der Originalgrundriss, die massive Balkenkonstruktion und die metallgerahmten Fenster. »Wir wollten den Raum neu beleben, indem wir das Feeling der früheren Arbeitsräume herausarbeiteten. Unser Ziel war es, der Wohnung ein Gefühl von Großzügigkeit, Offenheit und Dynamik zu geben, nach allen Seiten hin Durchblicke zu schaffen. Das ist uns besonders im Wohnraum mit den großen Erkerfenstern gelungen, der sozusagen das private Pendant der alten Produktionsstätten ist.« Um diesen Be-

Oben In der Küchenecke des offenen Wohnraums ist der Industrie-Look besonders ausgeprägt. Dunkle Elemente aus Holz und Metall bilden die Koch- und Arbeitsflächen. Die Glasleuchten an der Decke stammen von Emanuele Ricci. Als augenfällige Farbtupfer dienen die dunkelroten Stühle von Verner Panton.

Gegenüber Die Holzkonstruktion ist in der gesamten Wohnung in neutralem Khaki-Grau angelegt. Im Esszimmer wurden zu einem schlichten Tisch Marteau-Stühle von Arne Jacobsen und ein Eames Chair an der Stirnseite kombiniert. Links davon führen gläserne Schiebetüren auf die Terrasse, die mit Stahlsesseln von Bertoia möbliert ist.

reich herum wurden die Küche, das Arbeitszimmer, das Bad und das große Schlafzimmer angeordnet. Über eine Glastür im Wohnzimmer erreicht man heute die neu gebaute Terrasse, die von einem Metallgeländer umschlossen wird und den Innenhof des Gebäudes überblickt.

Ursprünglich war der Raum in fünf separate Werkstätten unterteilt. Durch die Zusammenlegung haben Michel und Eric den perfekten Rahmen für ihre umfangreiche Sammlung von Kunst-, Licht- und Möbelobjekten geschaffen. In dem großzügigen Apartment konnten die beiden die doch sehr unterschiedlichen Objekte, die sie über Jahre hinweg zusammengetragen hatten, endlich zusammenführen. Jetzt bilden Elemente wie Feldstühle und Tische aus Militärbeständen, Panton Chairs, ein opulenter Glaslüster aus dem 18. Jahrhundert, grob gezimmerte Palettentische, Industrieregale und Vorhänge aus alten Betttüchern ein eigenwilliges, aber funktionierendes Ensemble.

Links und oben Vor dem Schlafzimmer wurde ein Arbeitsbereich eingerichtet. Sowohl der Stuhl als auch der Schreibtisch sind Entwürfe von Jean Prouvé. Die Leuchte ist ein Original von Gras, die Hängelampe mit dem Chromschirm wurde von Mario Mengotti design.
Gegenüber Wie der Rest der Wohnung ist auch das Schlafzimmer mit wenigen ausgewählten Stücken möbliert. Vor dem Bett mit dem nietenverzierten Kopfteil steht der LCW-Stuhl, den Charles und Ray Eames 1946 entworfen haben.

Es gibt Platz für alles und gleichzeitig hat alles seinen Platz. Um das zu erreichen braucht es ein Gespür dafür, was miteinander harmoniert, und die Fähigkeit, Proportionen einzuschätzen und in das richtige Verhältnis zu setzen. Weil sie beides im Überfluss besitzen, konnten Michel und Eric ein Ambiente schaffen, das sich sehr zeitgemäß und extrem pariserisch präsentiert.

INDUSTRIELLE ENTWICKLUNG

Symphonie in Farbe

Im Interiordesign war Farbe schon immer ein zentrales Gestaltungsmittel, und zwar sowohl für die architektonischen Elemente als auch für die Möbel und Accessoires. Wie die Palette im Detail aussieht, hängt dabei nicht zuletzt von dem wechselnden Geschmack der Zeit und dem aktuellen Produktangebot ab.

Architekten haben Farbe schon Anfang des 20. Jahrhunderts als Werkzeug statt nur als dekoratives Extra eingesetzt. Besonders konsequent wurde ihr kommunikatives Potenzial von dem Schweizer Baumeister und Designer Le Corbusier genutzt. Er sah Farbe als ein unverzichtbares Medium räumlichen Gestaltens. Für ihn war »die Farbe in der Architektur ein ebenso kräftiges Mittel wie der Grundriss und der Schnitt«. Le Corbusier war so daran interessiert, Farbe im häuslichen Bereich einzusetzen, dass er für einen Schweizer Farbhersteller zwei Paletten entwarf – eine in den 1930er-Jahren und eine weitere zwanzig Jahre später.

Diese Seite In diesem Wohnzimmer gibt die Wand aus rauem Stein den flatterhaft leichten Faltstühlen in warmem Rot optischen Halt. Dazu wurde ein bunter Strauß Beistelltischchen in Vintage-Farben, eine rot-weiße Stehleuchte und ein Armstuhl aus den 1960ern kombiniert.
Gegenüber Ein kleines, aber perfektes Stillleben in Farbe: eine leuchtend rote Wand, ein lila Panton Chair und ein Stapel Bodenkissen, die auch praktischen Zwecken dienen.

Links Farbe ist ein hervorragendes Medium, um verschiedene Stile zu verbinden. Der warme Ton der kleinen Kommode findet sich beispielsweise im Bettüberwurf wieder. Das im Retro-Muster vorherrschende Orange breitet sich über das Kissen auf der kompletten Stirnwand aus und bringt so den schlichten Raum zum Leuchten.

Gegenüber oben links Die wandbreite Polsterbank und die Formholzstühle erinnern an einen Diner aus den 1950er-Jahren. Ausgesprochen zeitgemäß wirkt das Wandregal, dessen Schiebetüren in kontrastierenden Farben gestaltet sind.

Gegenüber oben rechts Die eingesetzten Farben wirken präsent und haben doch eine dezente Eleganz. Das Ledersofa an der blaugrauen Wand ist von Hans Wegner. Davor steht ein ausklappbarer Arbeitstisch aus den 1980ern.

Gegenüber unten Die linke Wand greift mutig die senfgelbe Farbe der Fifties-Polsterstühle auf, die von einem Sale stammen und eine optische Einheit mit dem geradlinigen Sofa, dem bootsförmigen Couchtisch und einer sehr zeitgenössischen Bodenleuchte von Tom Dixon bildet. Der vermeintliche Vintage-Teppich kommt von Ikea.

In seine zweite Edition nahm Le Corbusier neben starken Tönen auch neutralere Nuancen auf, mit denen er Wärme, Licht, Atmosphäre und feine Details in seine Architekturprojekte bringen wollte. Daneben verfasste er eine sehr differenzierte Abhandlung zu den Funktionen und Einsatzmöglichkeiten von Farbe. Die praktischen Beispiele, die er mit seinen Arbeiten geliefert hat, üben noch immer großen Einfluss auf die zeitgenössische Gestaltung aus.

In der Mitte des 20. Jahrhunderts liebte man leuchtende und plakative Farben. Einer der Gründe dafür war, dass durch die Entwicklung fertig gemischter Farben auf synthetischer Basis die angebotene Palette viel breiter war als zuvor. Zum anderen waren die 1950er-Jahre definitiv das Zeitalter der Verbraucher. Der Aufschwung, der wenige Jahre nach Kriegsende einsetzte, manifestierte sich nicht nur in der Tatsache, dass man sich neue Anschaffungen leisten konnte, sondern auch in einem wieder erwachten Selbstbewusstsein. Letzteres führte dazu, dass man im wahrsten Sinne des Wortes Farbe bekannte, die nach dem Geschmack der Zeit gar nicht leuchtend genug sein konnte. Man griff zu den Primärfarben, aber auch zu Zitrustönen wie Limonengrün oder Orangegelb. Die gewählten Nuancen, die man auch im häuslichen Ambiente ausgiebig einsetzte, waren mitunter sehr eigenwillig, dafür aber hell und kraftvoll, faszinierend und unübersehbar. Pastelltöne waren nicht verpönt, aber auch sie sollten unbedingt leuchten – in Bonbonfarben wie Erdbeereisrosa oder Himmelblau. Weil niemand mehr die gedeckten Farben wollte, die in den grauen Kriegsjahren allgegenwärtig waren, entwickelte sich die auffallend bunte Farbpalette zum Markenzeichen des Interiordesigns der 1950er-Jahre.

Offene Wohnkonzepte – oder Ansätze davon – wurden von Le Corbusier und anderen Architekten seiner Zeit zum neuen Standard erklärt und in die Tat umgesetzt. In den großen Räumen, die an die Stelle der bisher üblichen kleinen Stübchen traten, machten sich starke Farben ausnehmend gut. Die multifunktional genutzten Zimmer mit ihren unterschiedlichen Wohnbereichen verlangten geradezu nach einer Akzentwand als Blickfang.

Das neue Raumkonzept brachte eine weitere Designneuheit mit sich: multifunktionale Einbaumöbel. Man konzipierte wandbreite Schränke, Regale, die gleichzeitig als Raumteiler dienten, und natürlich voll ausgestattete Einbauküchen. Jedes dieser Elemente bot reichlich Gelegenheit, mit kleinen oder großen Farbflächen Akzente zu setzen oder die Funktionalität der Objekte zu betonen.

Darüber hinaus wurde das Genre der freistehenden Möbel grundlegend überdacht. Durch neue Materialien und Verfahren war es beispielsweise möglich, einen ganz neuen Typus von Stuhl zu schaffen. Und der ließ sich nicht nur in atemberaubenden Formen, sondern auch in jeder beliebigen Farbe herstellen. Gerade Entwürfe aus den 1950er- und 1960er-Jahren erfreuen sich dank ihres selbstbewussten Designs nach wie vor großer Beliebtheit. Mit ihren kompromisslos modernen Formen stellen sie in zeitgenössischen Interiors elegant den Bezug zu einem besonders interessanten Kapitel der Designgeschichte her.

WOHNBEISPIEL
»HOMMAGE AN LE CORBUSIER«

Ein lebhaftes Fifties-Ambiente prägt den Charakter dieser Wohnung im Marseiller Stadtteil Malmousque. Inspiriert wurde das Interior von Charles-Édouard Jeanneret-Gris, der als »Le Corbusier« Architekturgeschichte geschrieben hat.

Als die Besitzer dieses Apartments von Paris anreisten, durchforschten sie ihre neue Wahlheimat Marseille – die cité phocéenne, wie sie nach ihren Gründern aus dem antiken Kleinasien auch genannt wird – von einem Ende zum anderen. Sie wollten jedes ihrer zahlreichen Quartiers kennenlernen. Sie liebten die Luft, das helle Licht, die Küste und sogar die Kapriolen des Mistrals, jenes starken Nordwestwinds, der so oft durch die Straßen der Stadt pfeift.

Beim Betreten des kleinen, recht unscheinbaren Hauses aus den 1950er-Jahren war ihnen als erstes der Blick auf die gegenüberliegenden Frioul-Inseln und das Château d'If aufgefallen, die zum Greifen nah schienen. Sie erkundigten sich bei dem ortsansässigen Architekturbüro ADR, das von Henry Roussel und Eric Steiner geleitet wird, was man aus der 65 m² großen Erdgeschosswohnung machen könnte. Gemeinsam beschloss man, die charakterlose Betonschachtel mit

Oben In der lebendigen Hafenstadt Marseille hat Le Corbusier viele seiner innovativen Architektur- und Designkonzepte umgesetzt.
Rechts Die offene Küche hat eine Arbeitsplatte aus dem Hightech-Material Tecnoquartz. Für die maßgefertigten Schrankelemente wurden leuchtende Zitrusfarben gewählt. Das Leuchtentrio besteht aus einem Mix von Pressglas und Stahl.
Ganz rechts Im Wohnbereich korrespondiert ein No.-71-Polsterstuhl von Eero Saarinen aus dem Jahr 1951 mit einem dänischen Vintage-Couchtisch. Die Eichenanrichte aus den 1950ern besticht mit zitronengelben Schiebetüren. Der ausdrucksvolle Teppich vereint alle Farben, die in der Wohnung verwendet werden.

Gegenüber Zwischen Diele und Wohnzimmer ist der Essbereich untergebracht. Zentraler Blickfang auf dem Tisch ist eine grün glasierte Schale von Kéramos Sèvres aus den 1960er-Jahren. Auf dem Sideboard steht eine schwarze Metallleuchte von 1955, darüber hängt ein besonders schönes Exemplar von Sonnenspiegel.
Links Die unterschiedlichen Wohnräume des kleinen Apartments gehen nahtlos ineinander über. Durch den Einsatz von Schiebetüren kann man sich überall ungehindert bewegen.
Unten Eines der Schlafzimmer ist himbeerrosa gestrichen. Der Wandschrank, bei dem Unzähliges hinter Schiebetüren verschwindet, zeugt von dem Einfallsreichtum der Architekten. Noch mehr Stauraum bieten Schubladen unter dem Bett. Die Deckenleuchte aus lackiertem Aluminium stammt aus den 1950ern.

einer Palette von zwölf starken Farben, Möbeln aus den 1950er-Jahren und unverkennbaren Zitaten von Le Corbusier aufzumöbeln. Und diese sind heute überall abzulesen – in der Komposition der Farben, in den ausgewählten Möbeln und natürlich in Grundriss und Schnitt der kleinen Wohnung.

Eine der ersten Designentscheidungen war der Einbau von Schiebetüren. Weil sie, anders als Scharniertüren, beim Öffnen keinen Platz beanspruchen, sind sie perfekt für kleine Räume. Die Wände erhielten einen Anstrich in Ozeanblau. Und Gelb. Und Orange. Noch mehr Farbe wurde durch die bunten Möbel ins Spiel gebracht. Um möglichst viel Tageslicht in den Raum zu lassen und den Blick auf das Meer nicht zu schmälern, hängte man an den Fenstern schlichte Rollos statt Vorhänge auf. Auf dem Boden wurden breite Dielen aus dänischem Teak verlegt, die den Trittschall auf besonders ästhetische Weise dämmen. Eine Klimaanlage wurde diskret in die Bausubstanz integriert. Man legte das gesamte Apartment so geradlinig und praktisch wie möglich an, um den Möbeln und Accessoires aus den 1950er-Jahren die perfekte Bühne zu bieten.

Die Einbauschränke für Küche, Bad und das große Schlafzimmer wurden von den Architekten bis ins Detail geplant und nach Maß fertigen lassen. In dem kleinen Schlafzimmer, das für Kinder, Enkel und andere Gäste gedacht ist, kann man – wie in einem Eisenbahnwaggon – mit einem Handgriff den vermeintlichen Wandschrank in zwei übereinanderliegende Betten verwandeln.

So ist durch sorgfältige Planung aus einer unscheinbaren Wohnung ein wohnliches Zuhause geworden, das die leuchtenden Farben der mediterranen Umgebung widerspiegelt.

WOHNBEISPIEL
»KONSERVIERTE FÜNFZIGER«

Die Villa La Rafale wurde zwischen 1957 und 1959 von Pierre Marmouget entworfen. Sie war eines der Projekte, die der französischen Stadt Royan, die Ende des Zweiten Weltkriegs schwer bombardiert worden war, ein neues Gesicht gaben.

La Rafale ist ein Haus voller Geschichte. Beim Neuaufbau von Royan nach dem großen Bombardement entschied man, die alte Architektur nicht wiederzubeleben, sondern stattdessen auf modernistische Entwürfe zu setzen. Zu den jungen Gestaltern, die mit der Planung von Häusern beauftragt wurden, gehörte auch Pierre Marmouget. Aus seiner Feder stammt die extravagante Villa, die heute aus naheliegendem Grund auch als Le Boomerang bekannt ist.

Gegenüber oben Der Fußpfad, der um das Haus führt, folgt der geschwungenen Linienführung des überkragenden Daches.
Gegenüber unten Die Fassade der Villa wird von hohen Bäumen beschattet. Im Poolbereich, der von einem eigens entworfenen Gitter gesichert wird, stehen sommerlich bunte Liegestühle.
Diese Seite Die Möbel im lichtdurchfluteten Wohn- und Essbereich wurden, parallel zu den Bauplänen, eigens für die Villa entworfen.

Die Auftraggeber des Hauses waren begeistert von der Arbeit des brasilianischen Architekten Oscar Niemeyer. Als sie eine Villa sahen, die Marmouget realisiert hatte, gaben sie ihm sozusagen einen Blankoscheck für den Entwurf eines Ferienhauses im modernen Stil. Heraus kam ein anspruchsvolles Design, das von einem abgewinkelten Grundriss und einer Unterkonstruktion aus Stelzen geprägt ist. Zum Einsatz kamen innovative Techniken und Materialien, die unter anderem zum Bau der gläsernen Fassadenpartien, einer wärmereflektierenden Bedachung und einer lichtdurchlässigen Wabenwand im Innenbereich verwendet wurden.

Das Konzept der Villa war perfekt durchdacht. So plante Marmouget beispielsweise gelb-blaue Schiebetüren ein, um Privatsphäre nach Wunsch schaffen zu können. Für ein wohldosiertes Maß an Exzentrik sorgten Details wie die fest installierte Leiter, die vom Balkon des Hauses direkt in den Pool führt.

»Le Boomerang« wurde als Ferienhaus mit reichlich Platz für Gäste konzipiert. Bei der Planung der Empfangsräume berücksichtigte Marmouget, dass die Besitzer das Weingut Moulin-Haut-Laroque in Bordeaux führten und oft andere Weinexperten zu sich einluden. Er entwarf einen langen Esstisch mit passenden Stühlen und als perfekte Ergänzung eine geschwungene Polsterbank, die in einer stilvollen Bar samt passenden Hockern endete. Im angrenzenden Wohnbereich sah er ein Arrangement kommunikativer Sitzgruppen mit bequemen Sesseln und kleinen Tischen vor.

In den 1990er-Jahren beschloss Thomas Hervé, ein Großneffe des ursprünglichen Besitzers, dass dieses modernistische Juwel aus den 1950er-Jahren möglichst originalgetreu erhalten werden sollte. Mit Hilfe von alten Fotos und Super-8-Filmen bekam er ein genaues Bild davon, welche Objekte wo standen. Viele der Möbelstücke waren Maßanfertigungen nach Marmougets Entwürfen, und Thomas setzte alles daran, das Originalambiente wiederaufleben zu lassen. »Schließlich war dies meine Pflicht als Nachfahre«, erklärt er noch heute mit Überzeugung, »dieses außergewöhnliche Erbe zu bewahren.«

Gegenüber oben Kurven über Kurven zeigt die Wabenwand, die sich vom Parterre bis ins Obergeschoss erstreckt und das einfallende Licht effektvoll filtert.

Gegenüber unten links Der feuerrote Außenkamin neben dem Pool ist noch so modern wie an dem Tag, an dem er gebaut wurde. Ein interessantes Detail ist die Einbuchtung des Tisches, die sich um einen Stützpfeiler schmiegt.

Gegenüber unten Mitte und rechts Im großzügigen Empfangsbereich wurden zahlreiche Ecken und Nischen vorgesehen, in denen sich die Gäste in gepflegtem Ambiente entspannen konnten.

Unten Der gesamte Farben- und Formenkanon des Hauses – vom ungewöhnlichen Grundriss bis zum dekorativen Accessoire – stammt aus der Feder von Pierre Marmouget.

Rechts Genau wie die Armstühle im Spielzimmer sind auch die Sitzbänke und Hocker der Bar auf große Gesellschaften ausgelegt. Einer der Eyecatcher im Empfangsbereich ist der freistehende Kamin mit einem Rauchfang aus gehämmertem Kupfer.

SYMPHONIE IN FARBE 79

WOHNBEISPIEL
»GRAFISCHES DESIGN«

Die klassische Provence ist sonnig und heiß, eine felsige Landschaft mit besonderem Licht, die von Marcel Pagnol in dem Roman »Der Ruhm meines Vaters« verewigt wurde. Versteckt in den Alpilles erwartet den Besucher allerdings eine modernistische Überraschung.

Gérard Faivre ist als Interiordesigner in ganz Europa gefragt. Er sieht sich selbst weder als Dekorateur noch als Architekt oder Gartendesigner, sondern macht am liebsten alles parallel. Sein Erfolgsgeheimnis liegt darin, dass er sich beim Gestalten von nichts einengen

Links Das Innere des Hauses wurde komplett umstrukturiert. Der multifunktionale Raum im Erdgeschoss überrascht durch seinen eklektischen Stilmix. Die Wände sind mit einer Neuauflage eines Sanderson-Designs aus den 1950ern tapeziert, während die Decke mit Schilfrohr verkleidet ist. Die Sofas und Sessel sind von Cappellini.
Oben Dieses Haus in den Bergen ist ein typisch provenzalischer Bauernhof, der zu einem Feriendomizil umgebaut wurde. Es präsentiert sich nun als gelungene Mischung aus ländlicher Architektur, Vintage-Flair und modernistischem Design.
Rechts In der Leseecke neben dem Empfangsraum stehen alte Utah-Stühle vor einem tropfenförmigen Beistelltisch. Darauf hat Gérard Faivre einen Teil seiner Sammlung von zeitgenössischer Keramik arrangiert.

lässt, Traditionen beherzt außer Acht lässt und auf ebenso originelle wie überraschende Momente setzt. In einem alten provenzalischen Bauernhof hat er klassische und zeitgenössische Elemente aufs Schönste vereint.

Im Garten stehen, wie auf vielen Anwesen in dieser Region, alte Olivenbäume. Natürlich gibt es auch Lavendel und Buchsbaum, allerdings in Metallcontainern, die als Reverenz an die Farben der Provence blau, gelb und rötlich braun gestrichen sind. Das Gras dazwischen ist leuchtend grün – und aus Kunststoff.

Der Besitzer des Landguts wünschte sich etwas Einzigartiges, ein Haus jenseits aller Normen. Optimale Voraussetzungen für Gérard, der gerne alles von A bis Z durchkomponiert und jedes Objekt angeht, als wäre es sein eigenes. Manchmal fängt er bei Null an und macht sich sogar auf die Suche nach einem passenden Grundstück.

Oben links An der Wand neben der offenen Treppe, die zu den Schlafzimmern führt, befindet sich ein geometrisch angelegtes Regal für Objekte und Bücher. Die Chaiselongue Spring hat Erwan Bouroullec für Cappellini entworfen, der Tisch daneben ist von Gubi.

Oben rechts Details wie diese runden Lichtschalter aus Glas machen die Qualität des Designs aus, das dem Haus seinen Charakter gibt.

Gegenüber Für die Akzentwand des roten Schlafzimmers, von dem man auf die Terrasse gelangt, wurde eine ausdrucksvolle Tapete mit stilisierten Samenkapseln gewählt. Der Kelimbezug des Polsterstuhls greift die kräftigen Farben auf und übersetzt sie in ein grafisches Muster. Die Bodenleuchte hat eine geknotete Stange und einen farblich abgestimmten Schirm im Retro-Look.

Unten In einem der Schlafzimmer ziert ein Arrangement aus elliptischen Bücherkästen in unterschiedlichen Größen die Wand.

Bei diesem Auftrag ging es aber darum, ein provenzalisches *mas*, ein Landhaus, umzugestalten, das der Besitzer als Bed & Breakfast nutzen wollte. Und dieses sollte ein Design mit ganz besonderem Esprit bekommen.

Entsprechend umfangreich wurde das Projekt. Das Haus musste entkernt werden, um neue Räume zu schaffen und zahlende Gäste empfangen zu können. Das Interior stellte Gérard besonders akribisch zusammen. Sein Mix aus modernen und Retro-Möbeln passt perfekt zur traditionellen Struktur des Landhauses – zu den Bogentüren und den tief liegenden Fenstern, zu den Deckenbalken und den dazwischen befestigten Binsen- oder Hanfmatten. Für den Empfang, der wie das

gesamte Haus einen modernen Terrazzoboden hat, ließ der Gestalter eine Gitterwand im Fifties-Stil kreieren, die den Raum stilvoll unterteilt. Die Wände wurden mit Tapeten in rhythmischen Mustern versehen, jeder Raum in einer ganz individuellen Handschrift gestaltet. Einige der neu entstandenen Schlafzimmer führen direkt auf die Terrasse, über die der Gast zum baumumstandenen und holzbeplankten Outdoor-Pool gelangt. Dieser wurde neu gebaut, weil das zum Standard eines provenzalischen Hotels gehört. Zur Kategorie Luxus zählt allerdings der brandneue Indoor-Pool mit kleiner Sauna und Hammam. Und natürlich das kleine Freiluftkino an der Seite des Hauses, in dem man die lauschigen Sommernächte in ganz besonderer Atmosphäre genießen kann.

Unten links *Das Ankleidezimmer, das zu einer Suite gehört, wurde von Gérard mit einem großzügigen Einbauschrank und einem komfortablen Vintage-Sessel ausgestattet.*
Unten rechts *Dieses Schlafzimmer ist eine Komposition aus kühlen Farben und zurückhaltenden Mustern. Das Bett von Paola Navone wird von einer Bodenleuchte im Ufo-Look angestrahlt.*

SYMPHONIE IN FARBE

WOHNBEISPIEL
»REFUGIUM DES DEKORATEURS«

Die Eigentümer dieser stilvollen Wohnung nahmen eine besondere Herausforderung an: Sie hauchten dem früheren Zuhause eines Fifties-Gestalters neues Leben ein.

Das 16. Pariser Arrondissement beheimatet zahlreiche Werke des Architekten Jean Ginsberg, der bei Robert Mallet-Stevens, Le Corbusier und André Lurçat in die Schule ging. In einem dieser Gebäude wurde das oberste Stockwerk in den 1950er-Jahren von Jacques Dumond bezogen, der sich als Architekt, Dekorateur und Möbeldesigner einen Namen gemacht hatte. Er war Modernist und gehörte zur Gruppe um Mies van der Rohe und Adolf Loos. Als Absolvent des Studiengangs Möbeldesign an der École Boulle konzipierte er statt isolierter Einrichtungsgegenstände Objekte, die Teil des architektonischen Konzepts waren. Vor diesem Hintergrund ist es wenig verwunderlich, dass Dumond seine eigene Wohnung als perfekte Symbiose von Funktionalität und Luxus entwarf.

Bevor sie das Apartment von Dumonds Sohn kauften, hatten die neuen Besitzer noch nie von dem Designer gehört. Als sie sich mit seinem Werk vertraut gemacht hatten, stand schnell fest, dass sie

Oben links Den Innenhof des Wohnblocks ziert ein geometrisch angelegtes Fresko des kubanischen Künstlers Wilfredo Arçay, der in den 1940er-Jahren nach Paris emigriert war.
Ganz oben Die Briefkastenanlage im Erdgeschoss wird von einer leuchtend blauen Wand eingerahmt.
Oben Die Wandmalerei im Treppenhaus, ein Werk aus dem Jahr 1960, wurde unter der Federführung von L'Atelier du Temps Passé restauriert.
Gegenüber Im zentralen Wohnbereich thronen zwei Exemplare des Lounge Chair von Charles und Ray Eames auf einem grafischen Teppich aus der gleichen Entstehungszeit. Die futuristische Dreibeinleuchte ist von Boris Lacroix.

ihr künftiges Zuhause ganz im Stil des Meisters gestalten wollten. Sie recherchierten die Geschichte des Viertels und natürlich den Stil, der in den 1950ern kultiviert worden war – die reduzierte Formensprache, die Materialien und den Duktus, mit dem Dumond Möbel und Objekte in starken Farben und Mustern kombiniert hatte.

Im Laufe ihrer Erkundungen trafen sie Frank Schmidt, was sich als glückliche Fügung erwies. Der Antiquitätenhändler und Inneneinrichter wusste genau, wie man das Apartment stilgerecht ausstatten konnte. Im Auftrag der Eigentümer wählte er passende Stücke aus und stellte sie in einen überraschenden Kontext. Zu dem berühmten Tulip-Tisch von Eero Saarinen kombinierte er beispielsweise keineswegs die passenden Stühle. Er setzte bewusst auf Kontrast und wählte unter anderem einen Entwurf des britischen Designers Robin Day, eines Zeitgenossen von Saarinen. Außerdem steuerten die Besitzer der Wohnung natürlich ihre eigenen Schätze zum Gesamtkonzept bei – er eine Sammlung von Chromskulpturen, sie ihre alten Barbiepuppen.

Ein Geschenk der Götter war die Mai-Ausgabe von »La Maison Française« aus dem Jahr 1960, in der das Apartment mit seiner Originaleinrichtung gezeigt wurde. So konnte Frank genau sehen, was noch vorhanden war und welche Stücke er ergänzen musste. Viele der innovativen Designelemente waren unwiederbringlich verschwunden. Andere waren wunderbarerweise von Renovierungsmaßnahmen verschont geblieben – wie beispielsweise ein ausziehbares Regal, hinter dem sich eine beleuchtete Bar samt einiger Flaschen Hochprozentigem verbarg. So hat das Erbe von Jacques Dumond seinen Nachfolger zu einem Einrichtungskonzept inspiriert, das in seinem konsequent durchgehaltenen Retro-Design absolut zeitlos ist.

Oben Der Essbereich wird dominiert von einem Wandobjekt, das Alexander Calder gestaltet hat.
Links Die Originalschränke, die Jacques Dumond aus Formica-Laminat hatte bauen lassen, wurden sorgfältig restauriert. Auf dem niedrigen Tisch steht eine Skulptur des Bildhauers Chomo aus dem 20. Jahrhundert. Die Keramik auf der Wandkonsole stammt von Michel Lucotte, der in der Zeit nach dem Zweiten Weltkrieg gewirkt hat.
Gegenüber An der Stirnseite des Wohnzimmers befindet sich ein sehr dominanter Kamin aus Stein und Stahl, der von einem Bertoia-Stuhl in kraftvollem Rot flankiert wird. Für optische Ruhe sorgen der polierte schlichte Holzboden und die neutralen Töne, die für Wände und Holzwerk verwendet wurden.

Stilmix à la Bohème

Die eklektische Spielart von Retro (die in England auch liebevoll bonkers chic genannt wird) könnte man als eine Art flüchtigen Irrlicht-Stil beschreiben, der – wenn er von Meistern seines Fachs angewandt wird – unglaublich atmosphärisch, künstlerisch, faszinierend und individuell wirkt. Wenn Amateure sich daran versuchen, kommt häufig nur eine disparate Sammlung von Einzelstücken heraus, die den Betrachter ratlos zurücklässt.

Zwar gilt bei eklektisch angelegten Interiors generell die Parole »anything goes«, allerdings sollte man das nicht allzu wörtlich nehmen. Alles geht nämlich nur dann, wenn die einzelnen Stücke auch tatsächlich zueinander

Rechts In diesem spannungsreichen Raum gibt es so einiges, was das Auge entzückt. Eine der Wände wird von einem Bücherregal eingenommen, das Hannes Wettstein entworfen hat. Die schwarze Lederchaiselongue von Le Corbusier teilt sich den metallenen Beistelltisch mit einer in dunklem Samt bezogenen Empire-Liege. Der apfelgrüne Polsterstuhl in der Ecke ist ein Entwurf von Jean Nouvel, als Deckenleuchte dient ein alter Filmscheinwerfer.
Unten Der Kamin, der von den fantasievollen Monstern in den Bomarzo-Gärten bei Rom inspiriert ist, wird von einer Einfassung in klassischem Schachbrettmuster gerahmt. Reizvolle Pendants zu dem markanten Objekt sind zwei schwarze Ohrensessel von Carlo Mollino und ein Paravent, der mit Motiven von Edward Burne-Jones gestaltet ist.

Unten Dieses marokkanische Haus ist voll von charmanten Kontrasten. So wurde ein perlenbestickter afrikanischer Sessel mit einem dänischen Sideboard aus den 1950er-Jahren kombiniert.

Gegenüber Dieses atemberaubende Zimmer gehört zu einem Haus in Tunis. Hier wurden kunstvoll gefliese Wände und Vintage-Lüster mit schlichten Stühlen im Fifties-Stil und einem Tisch aus weiß gestrichenen Bohlen und einem Metallgestell kontrastiert. Die Kunstharzkrähe scheint auf Krumen zu warten. Das Gemälde von Ibrahim Mattous trägt den Titel »L'Elu«.

passen. Es ist genau wie beim Kochen: Wenn man den gesamten Inhalt des Kühlschranks in einen Topf wirft, wird daraus schon eine Suppe. Aber ganz sicher nicht dieselbe wie die eines Kochs, der die Zutaten sorgfältig aufeinander abstimmt.

Manche Retro-Interiors sind das Resultat eines nomadischen Lebens. Der Reisende – der wahlweise in der realen Welt oder auch in seinen Träumen unterwegs sein kann – versammelt alle seine Souvenirs unter einem Dach, wo sie die Erinnerung an ein Leben voller Abenteuer befeuern.

Andere wiederum basieren auf einer Sammelleidenschaft, die in erster Linie von Zufallsfunden und Schätzen vom Flohmarkt genährt wird. Dort hält der Sammler – meist ohne zu wissen, was er sucht – eifrig Ausschau nach schrägen, beseelten und selbst kaputten Objekten, deren »je ne sais quoi« er (oder sie) einfach nicht widerstehen kann.

Und dann gibt es noch diejenigen, die alte Dinge lieben – egal, welches Genre, welche Stilrichtung oder Epoche. Sie pfeifen auf Konventionen, finden einfach alles schön und möchten sich damit in ihrem Zuhause umgeben. Für sie ist es kein Problem, alles unter einem Dach zu versammeln und in einem einzigen großen Potpourri zu vermischen.

Egal, welchen Ansatzpunkt eklektische Interiors auch haben mögen – ausnehmend gemütlich sind sie allemal. Zwar nicht im herkömmlichen Sinn (so mancher Stuhl könnte ein Kissen und so manches Bett eine dickere Matratze brauchen), aber sie sind trotzdem extrem ansprechend. Das liegt wohl daran, dass ihre Besitzer sich ganz offensichtlich wohl in ihnen fühlen und die Freude, die ihnen jedes Stück ihrer Wohnung macht, gerne mit ihren Besuchern teilen.

Mehr als jede andere Retro-Spielart spiegelt sich in der eklektischen Richtung die Persönlichkeit des Wohnungseigentümers wider. Und dieser besitzt im Allgemeinen von Natur aus ein gutes Auge dafür, was miteinander harmoniert und was nicht. Das soll natürlich nicht heißen, dass Normalsterbliche sich nicht auch an dieser Mir-doch-egal-Art des Stylings versuchen können. Schließlich gelten auch hier die Grundregeln einer jeden guten Raumgestaltung, die da lauten: Proportion und Ausgewogenheit. Sie sind dafür verantwortlich, dass man sich in einer Wohnung wohlfühlt – auch, wenn sie nicht so gestylt ist, wie man das erwartet.

Die Möbel und Accessoires in den gezeigten Räumen mögen ungewöhnlich und eigenwillig kombiniert sein. Bei genauerem Hinsehen zeigt sich aber, dass sie alle eine zwar unkonventionelle, aber erkennbare Symmetrie besitzen. So findet sogar der wildeste Kaminentwurf in einer streng grafisch angelegten Umrandung seinen Gegenpol, weil die beiden Elemente sich in ihrer Gegensätzlichkeit perfekt die Waage halten.

Auch Bilder und anderer Wandschmuck wurden von den Einrichtern genutzt, um auf dem Boden platzierte Objekte in die richtige Relation zu setzen. Solange sich die korrespondierenden Stücke gegenseitig ergänzen, dürfen sie auch gerne ein ungleiches Paar sein. Am besten probiert man einfach verschiedene Konstellationen aus. Das machen auch die bereits erwähnten Meister ihres Fachs – und zwar so lange, bis alles ins letzte Detail stimmt.

Unten Das große Wohnzimmer – der salon de repos – hat Giorgio in einem warmen Rot gestrichen. Der mit einem bunten Teppich geschmückte Boden zeigt eine traditionelle Pflasterung aus Kieseln. Ausgewählte Stücke aus dem 18. Jahrhundert wurden mit Möbeln, Leuchten, Objekten und Keramiken aus dem 20. Jahrhundert kombiniert. Viele davon stammen vom Flohmarkt Villeneuve-lès-Avignon.

Gegenüber Neben der Sammlung von Keramiken aus Vallauris steht eine Leuchte mit betont rustikalem Schirm.

WOHNBEISPIEL »STIL VON JAHRHUNDERTEN«

Das alte Landhaus von Irene Silvagni, das in der Nähe von Avignon liegt, überrascht mit einem sehr facettenreichen und persönlichen Interior.

Wer in dem provenzalischen Landhaus von Irene ankommt, fühlt sich willkommen wie bei einer alten Freundin. Es ist schwer zu sagen, ob das an dem Schnitt der Räume, der angeborenen Eleganz der Besitzerin oder ihrer warmen Begrüßung liegt. Wahrscheinlich ist es ein bisschen von allem. Großzügigkeit ist hier an der Tagesordnung, ein Ausdruck von Lebensbejahung und echter Menschenliebe.

Auf das Haus waren Irene und ihr verstorbener Mann Giorgio über eine Anzeige mit der Überschrift »Ruine zu verkaufen« gestoßen. Und eine Ruine fanden sie tatsächlich vor, halb überwuchert von Brombeersträuchern und dennoch mit unverkennbarem Charme – ein Gebäude aus dem 17. Jahrhundert mit herrschaftlich großen Räumen, imposanten Bögen und Balken und steinalten, zum Teil gepflasterten Böden.

Das kreative Paar (sie hatte als Redakteurin der französischen Vogue und später als Beraterin von Yohji Yamamoto gearbeitet, er war Filmproduzent und Künstler) arbeitete sich langsam und gründlich durch die Zimmer, deren verblichene Noblesse sie inspirierte. Während Irene Flohmärkte und Antiquitätenläden in der Umgebung durchstöberte, gestaltete Giorgio die Wände in leuchtendem Rot, Grün und Blau.

STILMIX À LA BOHÈME

Manche der Anstriche wurden einfach nur grob aufgetragen, andere patiniert und poliert oder als markante Farbstreifen gesetzt.

Mit ihren überwältigenden Farben sind die Wände weit mehr als nur ein einfacher Hintergrund – sie sind die Kulissen der beeindruckenden Bühne, die das Haus als Ganzes darstellt. Die Möblierung ist eine wahrhaft eklektische Mischung, bei der Stilmöbel aus dem 17. Jahrhundert mit ausgefallenen Stücken aus den 1960ern kombiniert wurden und Dekoratives und Funktionales eine friedliche Koexistenz führen. Es gibt Objekte und Keramiken (vor allem von den Töpfereien in Vallauris), Gemälde aus dem 18. Jahrhundert, Modefotos und Porträts. Und wo immer man auch hinschaut, wurden Textilen eingesetzt – alte und neue, als Dekorationen an der Wand, zu Kissen verarbeitet, über Sofas, Stühle und Tische drapiert. »Die wichtigste Frage bei der Einrichtung war natürlich, wo was hin sollte«, erzählt Irene. »Aber Giorgio war der geborene Regisseur. Er besaß ein echtes Talent für Komposition und hat Objekte miteinander kombiniert, die völlig verschieden waren und doch irgendwie zusammenpassten.«

Wirklich fertig ist ein Objekt wie dieses nie. Weil die Räume flexibel genutzt werden, gibt es immer etwas, das man besser oder einfach nur anders machen könnte. Als nächstes steht eine der Scheunen auf dem Programm. Man darf gespannt sein, welch spannende Mischung Irene dafür wohl auswählt ...

Oben Das kleine türkische Zimmer ist ein Schatzkästchen voll schöner Stoffe, Kelims und Familienerbstücke. Die Wände wurden in einer aufwändigen Wischtechnik gestaltet.
Rechts Als echte Sammlernatur nutzt Irene jede verfügbare Oberfläche zum Ausstellen ihrer Funde.
Ganz rechts In diesem Schlafzimmer präsentiert sich der Originalboden in all seiner Schönheit. Die Wände sind in einem matten Pastellgrün gestrichen und mit einem Fries verziert, auf dem sich filigrane Olivenzweige unter der Decke um den ganzen Raum winden.
Gegenüber In dem Leseraum hat Giorgio Regale aus schlichen Holzbrettern mit einem mobilen Bücherwagen kombiniert. Die Farbpalette mit Grundtönen in Ocker und Creme ist deutlich neutraler als in den anderen Zimmern. Zum eklektischen Möbelmix gehören auch zwei braune Barcelona Chairs von Mies van der Rohe und ein Rattanstuhl mit Metallbeinen.

WOHNBEISPIEL
»BRITISCHES GLAMPING«

Die glücklichen Ferien ihrer Kindheit sind der Grund, warum Anna Bingham und ihr Partner Dan Mullaly schon immer eine Schwäche für Wohnwagen hatten. Als Dans Eltern ihren alten Mercedes-Camper verkaufen wollten, stellte das junge Paar fest, dass es noch weit mehr war: eine große Liebe, die nie vergehen wird.

Anna ist Designerin, die früher ein Wäschelabel betrieben hat, Dan arbeitet als Tour-Manager für Bands. Nachdem sie 2007 wieder in ihre alte Heimat Cornwall gezogen waren, beschlossen die beiden, etwas Einmaliges auf die Beine zu stellen: eine ganz besondere Art von Campingplatz. Sie wollten den neuen Glamping-Hype nutzen und eine Location eröffnen, die statt der üblichen Mietzelte Vintage-Wohnwagen und ausrangierte Busse als stilvolle Übernachtungsmöglichkeiten bieten sollte.

Wie bei obsessiven Vorhaben üblich, stürzten sie sich mit Feuereifer in ihr neues Projekt und fingen an, nach Schätzen auf Rädern zu suchen – alte Schulbusse, Zigeunerwagen, exzentrische Wohnanhänger, also kurzum alles, was typisch britisch und schwer zu finden war. Ihre beiden ersten Käufe waren ein plumper pinkfarbener Zweibett-Caravan von Stirling aus dem Jahr 1958 (den sie auf den Namen »Valerie« tauften) und

als Kontrastprogramm ein protziger Schaustellerwagen aus den 1970ern, der dem Betreiber eines »Breakdancer« gehört hatte. Dazu gesellten sich bald ein Exemplar des legendären Silver Bullet aus den USA und ein Carlight, einer der ersten Wohnanhänger, die auf den Markt kamen. Endlich konnte Love Lane Caravans auf dem Feld, das Anna und Dan gepachtet hatten, eröffnet werden.

Die Ausstattung der Fahrzeuge, die nach und nach von den frisch gebackenen Campingplatzbesitzern angekauft wurden, war höchst unterschiedlich. Der Schaustellerwagen glänzte mit glamourös kitschigem Showman-Chic – also jeder Menge Resopal, Chrom und Edelstahl mit einem ordentlichen Schuss Blattgold und geschliffenem Glas. In anderen Vehikeln wie beispielsweise dem gelben Schulbus war das Interior rudimentär – Fahrzeuge wie diese waren schließlich nicht zum Essen und Schlafen gedacht und mussten für den Einsatz auf dem Campingplatz entsprechend umgebaut werden.

So weit, so ungewöhnlich. Was den Charme von Love Lane Caravans aber letztlich ausmacht, ist die Art und Weise, wie Dan die Fahrzeuge mit Unterstützung ortsansässiger Handwerker fachkundig hergerichtet hat. Und natürlich Annas liebevoll zusammengestellte Einrichtungen, die aus den Mietobjekten herrlich exzentrische Wohnungen auf Zeit machen. Anna liebt Vintage über alles, egal, ob es sich dabei um geblümtes Porzellan, gesteppte Daunendecken oder seltsam geformte Krüge handelt. Mit den Schätzen, die sie in Vintage-Shops, bei Haushaltsauflösungen oder auf lokalen Märkten gefunden hat, konnte sie jedes ihrer Objekte ganz individuell einrichten.

Gegenüber oben Dieser Bus, ein Tiger Cub, wurde von Leyland in den späten 1950ern gebaut. Von Anna und Dan bekam der frühere Linienbus, der viele Jahre auf britischen Landstraßen unterwegs war, eine neue Aufgabe.

Gegenüber unten Einige Elemente der ursprünglichen Ausstattung wurden beibehalten. Die Originalsitze, die neu bezogen und ummontiert wurden, sind nun Teil des praktischen Essbereichs. Der Tisch wurde mit geblümtem Vintage-Geschirr aus Annas Sammlung gedeckt.

Rechts Im Heck des Busses wartet ein romantisches Himmelbett.

STILMIX À LA BOHÈME

Diese Seite und gegenüber Zwischen 1950 und 1970 produzierte der Caravanhersteller Vickers eine Serie, die speziell für die fahrenden Roma konzipiert war. Die aufwändigen und kostspieligen Fahrzeuge waren bis ins kleinste Detail geplant. Die Karosserie blinkte vor Chrom und die Innenausstattung strotzte geradezu von polierter Eiche, Edelstahl, facettiertem Glas und Resopal. Wie der Axminster-Teppichboden waren auch die dicken Knopfpolster millimetergenau eingepasst. Bei diesem Modell, das Ende der 1960er-Jahre gebaut wurde, haben Anna und Dan nichts am Interior verändert und es mit Geschirr in demselben grandios kitschigen Stil ergänzt.

WOHNBEISPIEL »INTERNATIONALE EXZENTRIZITÄT«

In Shoreditch, nur ein paar Schritte von der Londoner City entfernt, haben ein Franzose, ein Malaysier und ein Schwede Les Trois Garçons geschaffen. Das kleine Imperium, in dem Frankreich und England sich vermählt haben, besteht aus einem Restaurant, einer Bar und einem Shop. Das Apartment seiner Herrscher liegt im ersten Stock.

Links Über einem Louis-XV-Sofa hängt ein Gemälde aus dem 19. Jahrhundert, das König Karl XIV. Johan von Schweden zeigt. Die Spiegel, die zu beiden Seiten hängen, gehörten früher dem Königshaus von Savoyen.

Oben und gegenüber Das große Entree von Les Trois Garçons ist von mustergültiger Opulenz. Zur riesigen Fülle unterschiedlichster Objekte gehört ein Paar weiß lasierter Louis-XIV-Stühle, deren Rückenpolster mit dem Logo des kreativen Trios bestickt ist, ein schwedischer Empire-Lüster, eine Jardinière von Royal Doulton aus dem 19. Jahrhundert und ein französischer Spiegel aus der gleichen Epoche. Der Mix funktioniert, weil von der römischen Büste bis zum modernen Couchtisch jedem Stück der gleiche Stellenwert beigemessen wurde.

Gegenüber und rechts Dieses Schlafzimmer, die »chambre solaire«, schwelgt in dem Kontrast zwischen Hell und Dunkel. Die Sammlung vergoldeter Spiegel setzt sich wirkungsvoll von den Wänden in tiefem Dunkelblau ab. Das beeindruckendste Objekt von allen – ein riesiger Strahlenkranz, der als extravagantes Betthaupt dient – stammt aus einer italienischen Kirche. Interessant ist auch der Kontrast zwischen verschiedenen Materialien und Stilen: schmiedeeiserne Gitter, poliertes Holz und verspiegelte Glasschränke.

Michel, Hassan und Stefan kamen nach London, um zu studieren und ihr Englisch zu verbessern. Dabei blieb es aber nicht. Die britische Hauptstadt gefiel ihnen so sehr, dass sie beschlossen, sich dort als Antiquitätenhändler und Inneneinrichter niederzulassen. Als sie sich nach Geschäftsräumen umsahen, stießen sie unweit der Brick Lane auf ein viktorianisches Pub. Was wäre für die geplante Homebase in London geeigneter gewesen als eine Kneipe im hippen East End? Die drei griffen zu, richteten eine Wohnung ein, die das obere Stockwerk des Hauses belegt, und einige Jahre später ein Restaurant, das sie passender Weise »Les Trois Garçons« nannten. Sowohl das Apartment als auch das Lokal sind ausgesprochen originell ausgestattet.

Der Look geht stark in Richtung exzentrisch, was bei der beruflichen Tätigkeit seiner Schöpfer nicht weiter verwundert: Von Stilmöbeln aus dem 19. Jahrhundert über Seventies-Möbel bis zu ausgestopften Tieren ist so ziemlich alles vertreten. Inspirationsgeber waren Tony Duquette, der im 20. Jahrhundert durch sein Credo »Mehr ist mehr« in der Interiorszene berühmt wurde, und die nicht minder berühmte Dorothy Draper – beide Exzentriker, beide höchst originell und beide Vertreter des modernen Barock.

»London ist ein Ort, an dem eine unglaubliche gestalterische Freiheit herrscht, wo einfach alles möglich ist«, schwärmt Michel. Der beste Beweis dafür sind die reizvollen Kontraste in der Wohnung und

natürlich auch im Restaurant, das für die Jungs eine Art externes Wohn- und Esszimmer ist. Der Flur des Apartments, von dem die Schlafräume abgehen, beherbergt eine Sammlung antiker Handtaschen und fließender Vintage-Kleider, die allein ihrer Schönheit wegen gekauft und aufgehängt wurden.

Das Trio versteht es, die besondere Wirkung zu nutzen, die aus der Kombination alltäglicher und an sich unscheinbarer Objekte entstehen kann. So haben sie beispielsweise weiß glasierte Keramikvasen der Fulham Pottery, die in den 1950er-Jahren nach Entwürfen der Floristin Constance Spry gefertigt wurden, zu einer bemerkenswerten Komposition gruppiert. Sogar ihre Schuhe – eine stattliche Sammlung, die vom Sneaker bis zum feinen Lederschuh reicht – haben Les Trois Garçons in einer wandfüllenden Vitrine in Szene gesetzt.

In punkto Möbel hat man sich keinerlei Zwänge auferlegt. Epochen und Genres sind scheinbar hemmungslos durcheinandergeworfen – wobei diese Hemmungslosigkeit in Wahrheit sorgfältig durchdacht ist. Sofas und Stühle aus so ziemlich jeder Stilrichtung des 20. Jahrhunderts wurden mit französischen Spiegeln, Kronleuchtern aus böhmischem Glas und Beutestücken aus italienischen Kirchen zu einem fantasievollen, aber stilsicheren Mix kombiniert – dem unverkennbaren Markenzeichen der drei kreativen Köpfe.

Gegenüber links Woanders werden Kleider und Taschen in Schränken versteckt. Hier sind handverlesene Vintage-Teile als dekorative Eyecatcher im Flur eingesetzt.

Gegenüber rechts In dem gemütlichen kleinen Wohnzimmer hängt »Rebis«, ein Werk von Matthew Stradling. Auf der verspiegelten Konsole sind Vasen arrangiert, die von Constance Spry als perfekte Basis für ihre berühmten Blumenarrangements entworfen wurden. Die Stühle davor sind von Verner Panton.

Rechts Der Ankleideraum vor dem großen Schlafzimmer wurde von den Besitzern selbst entworfen. Hinter den Glastüren der edlen Eichenschränke sind sämtliche Schuhe des Trios übersichtlich angeordnet. Die Fifties-Stühle wurden mit italienischem Samt neu bezogen. Die Flambeau-Leuchte mit Messinghalterung ist ein englisches Modell aus dem 19. Jahrhundert.

WOHNBEISPIEL
»KURIOSITÄTENKABINETT«

Von Christian Lacroix stammt eine originelle Interiorkollektion. Sacha Walckhoff, der Kreativdirektor des Modehauses, hat sie in seinem Zuhause aufs Schönste in Szene gesetzt.

Mit seinem exotischen und barocken Look reflektiert das Pariser Apartment von Sacha Walckhoff die ganze Welt des Christian Lacroix. Kein Wunder – schließlich ist Sacha Kreativdirektor der Modelinie des Couturiers und kümmert sich auch um die Bereiche Home und Dekoration. Ein Treffen mit Tricia Guild, der Gründerin von Designers Guild, hatte dazu geführt, dass unter seiner Regie eine Interiorlinie von Lacroix entstand. Zu der erwartungsgemäß extravaganten Kollektion, die von Tricias Unternehmen herausgegeben und vertrieben wird, gehören neben Exotischem wie Pelzteppiche, Textilpaneele und Kreationen aus Schnittsamt auch ganze Berge von Kissen.

Sacha hat in seiner Wohnung viele Teile der neuen Lacroix-Linie mit eigenen Kreationen und Sammlerstücken zu einem sorgfältig komponierten Ensemble verwoben. Der Reisende aus Leidenschaft lebt in einem modernen Kuriositätenkabinett, das seine facettenreichen Vorlieben und seinen kultivierten Geschmack widerspiegelt.

Gegenüber Auf dem Zebrateppich Riviera steht ein antiker Holzhocker mit vergoldeten Beinen, der den gestreiften Seidenstoff Sol y Sombra von Christian Lacroix trägt.
Diese Seite Das Wohnzimmer ist ein Feuerwerk aus Farben und Mustern, Stilrichtungen und Epochen. Der Kamin wird von einem Raphaël-Stuhl und einem Kaminhocker von Pierre Paulin aus den 1960ern flankiert. Dazu gesellen sich Satztische von Matégot aus den 1950ern und ein Capron-Couchtisch, auf dem eine Vogelvase von Picasso steht. Sofa und Kissen sind grau gestreift, der Sessel im Hintergrund ist mit einem Lacroix-Stoff bezogen.

Er sammelt Keramik, liebt zeitgenössisches Design und hat eine besondere Schwäche für Möbel aus den 1950er-Jahren. Überall in der Wohnung entdeckt man echte Schätze: Vasen von Picasso oder Hella Jongerius, Hocker der modernistischen Gestalterin Charlotte Perriand, einen Säulentisch von Garouste und Bonetti oder Zeichnungen von Jean Cocteau. Diese Meisterwerke des 20. Jahrhunderts wurden selbstredend nicht einfach verteilt, sondern höchst sorgfältig kuratiert und perfekt platziert.

Eine besondere Überraschung erwartet den Besucher im Flur, wo ein überdimensionales Zebra aus der Wand zu springen scheint. Im Wohnzimmer steht die imposante Statue eines Fackelträgers, dem eine ganze Handvoll bunter Perlenketten um den Hals geschlungen wurde. Das breit gestreifte schwarz-weiße Sofa korrespondiert mit dem kunstvoll durchbrochenen Sonnenschutz und dem echten Zebrafell auf dem Boden. Überhaupt scheint der Kreativdirektor eine Vorliebe für Animal-Prints zu haben, die zwar dezent, aber durchgängig in der Wohnung eingesetzt sind. Das Esszimmer, das es früher einmal in der Wohnung gab, existiert

Gegenüber oben links *Zu beiden Seiten des Fliesenspiegels im Arbeitszimmer hängen Masken von Garouste und Bonetti aus den 1980er-Jahren. Die schlichten Sixties-Hocker wurden von Florence Knoll entworfen, der rote Samtsessel ist von Designers Guild. Der Lacroix-Teppich hält das Ensemble zusammen.*

Gegenüber oben rechts *Die Fackelträger-Statue ist ein Requisit aus dem Film »Der Graf von Monte Christo«. An der Wand wurden Fotos, Drucke und Zeichnungen zu einem Mosaik komponiert.*

Gegenüber unten *Ein Teil der Bücher ist zu kunstvollen Türmen gestapelt, eine eher dekorative als praktische Art der Aufbewahrung. Im Hintergrund sieht man den großen Salon.*

Rechts *Die Küche ist ebenso überraschend wie der Rest des Apartments. Hier dient ein kunstvoll geschnitzter Schrank aus Syrien als geräumige Geschirraufbewahrung. Die Stühle am Esstisch sind von Bertoia und Tolix, die Kissen von Christian Lacroix für Designers Guild.*

Diese Seite Hinter dem Bett steht ein spektakulärer Paravent aus Kuhfell, daneben zwei Nachttische von Jacques Adnet aus den 1940ern. Die Metallleuchten stammen von dem Jugendstil-Designer Boris Lacroix, den Stoff für den Bettüberwurf hat sein Namensvetter Christian für die Kollektion Paseo Doble von Designers Guild entworfen.

nicht mehr. Weil er nicht wirklich eines brauchte, hat Sacha hier ein Arbeitszimmer eingerichtet, das (wenig verwunderlich für einen Mann seines Schlages) vollgestopft ist mit allen Arten von Büchern – Kunst, Mode, Design, Literatur, Fotografie und Geschichte.

Je weiter man in die Tiefen des Apartments vordringt, desto bewusster wird einem, wie viel Geschmack und Können hinter der scheinbar bunt durcheinandergewürfelten Melange von Farben und Formen steckt. Die Komposition der Objekte – zum Beispiel der Keramiken im Regal, der Bilder und Fotos an der Wand oder der sorgfältig platzierten Möbel am Kamin – kann nur von der Hand eines Menschen mit extrem viel Stilgefühl und künstlerischem Selbstbewusstsein stammen. Die beste Beschreibung des Konzepts seiner Einrichtung stammt von Sacha selbst: »Meine Wohnung ist kein Showroom, in dem Design und neue Ideen gezeigt werden, sondern ein Spiegel meiner ureigensten Persönlichkeit.«

Oben Das linke Foto zeigt den Blick vom Salon in das Schlafzimmer, in dem ein großes Bild von Daniel Firman hängt. Das rechte Foto ist ein Gegenschuss, bei dem man auf einen Stuhl von Tapio Wirkkala und zwei pulsierende Illustrationen von Antonio Soaves blickt.
Rechts In dem opulenten Apartment herrscht eine strenge Ordnung, bei der alles seinen Platz hat und jede Ecke als Stauraum genutzt wird.

STILMIX À LA BOHÈME

LIEBE ZUM DETAIL

Die archetypische Retro-Handschrift

UNTER RETRO verstehen verschiedene Menschen oft ganz unterschiedliche Dinge – zumindest, was die Details, also Möbel, Textilien und Accessoires angeht. Allerdings gibt es einige Schlüsselelemente, die von jedem spontan dieser Stilrichtung zugeordnet werden. Da ist zunächst einmal das Objekt »Stuhl«. Bei ihm herrscht ein besonders großer Konsens, was wohl daran liegt, dass Stühle von Gestaltern wie Walter Gropius oder Ludwig Mies van der Rohe zu Ikonen geworden sind, die das innovative Design des 20. Jahrhunderts repräsentieren. Die formschönen und höchst funktionalen Entwürfe galten zwar schon in ihrer Entstehungszeit als originell und modern, richtig geschätzt werden sie aber erst in der heutigen Zeit.

Retro-Design beschränkt sich natürlich nicht nur auf große Möbelstücke. Das offenkundige Interesse der Designer, neue Materialien und Technologien anzuwenden, manifestierte sich in allen Bereichen des Interiordesigns, also auch bei schmückendem Beiwerk wie Textilien oder Geschirr. Die Besessenheit, etwas radikal Neues zu schaffen, resultierte nicht zuletzt in exzentrischen Deko-Objekten, die heute bei vielen nostalgische Gefühle wecken.

Wer sich am Retro-Stil versuchen möchte, sollte am besten damit beginnen, in seiner Wohnung ein paar kleine Objekte als Akzente zu setzen – zum Beispiel mit einem Sonnenspiegel, der definitiv ein echter Retro-Klassiker ist. Es mag sein, dass Einzelstücke wie Leuchten, Spiegel oder Vasen aus Glas oder Keramik in einer bestehenden Einrichtung fast zu dominant wirken. Auf jeden Fall geben sie dem Raum aber einen neuen Twist.

Links So kann ein typisches Retro-Ensemble aussehen: ein Sonnenspiegel mit Rattanstrahlen, eine Sammlung von Capron-Keramiken und eine Sputnikleuchte. **Gegenüber** Vor der roten Wand steht ein klassischer Fifties-Stuhl, der von der Designerin Cécile Chicot mit einem geometrischen Muster bemalt wurde. Einen ähnlich schönen Kontrast bilden die antike Holzskulptur und der moderne Glastisch.

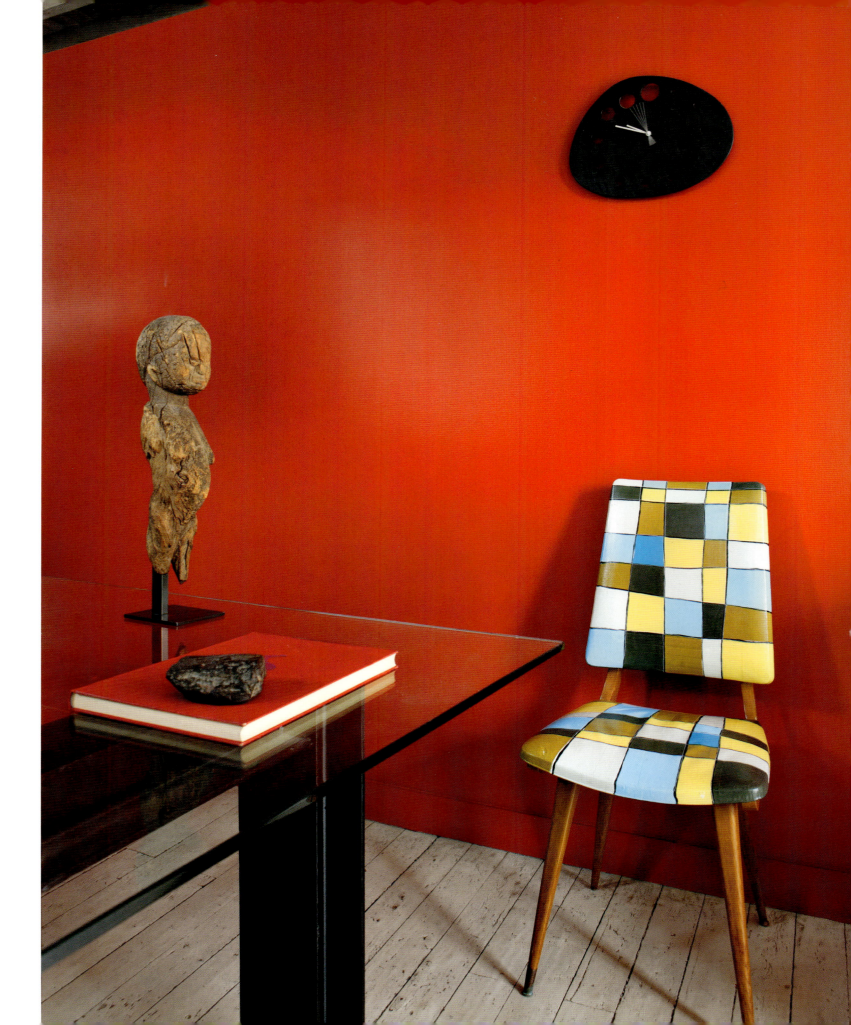

Möbel

Retro ist ein großes Feld, das durch den Einfallsreichtum und die Originalität seiner Designer besonders reiche Früchte trägt. Wie wir aus der Erfahrung der vergangenen Jahrhunderte hinlänglich wissen, sind schöne Möbel nicht immer komfortabel oder funktional. Das Design des 20. Jahrhunderts ist darum in mehr als nur einer Hinsicht außergewöhnlich: Die meisten Entwürfe dieser Epoche vereinen Anmut und Eleganz mit Pragmatismus und Flexibilität. Darum harmoniert die gesamte Einrichtungspalette von Tischen und Betten bis zu Leuchten und Tapeten auch so gut, und zwar sowohl untereinander und als auch mit Objekten anderer Stilrichtungen.

Bevor man sich aber kopfüber in das Abenteuer »Retro« stürzt, sollte man sich erst einmal auf einen einzigen Bereich konzentrieren, statt alles auf einmal in Angriff zu nehmen. Wer beispielsweise ein Faible für Stühle oder Textilien hat, kann erst einmal damit experimentieren und so ganz nebenbei sein Auge für die Schlüsselelemente des Stils schulen.

Gegenüber Der Beistelltisch aus den 1950er-Jahren kombiniert helles Holz mit einer Korbtür und schwarzen Metallbeinen. Seine zierlichen Formen passen bemerkenswert gut zu dem massiven Bett mit dem markanten Haupt.

Oben links Der geschwungene Vintage-Korbstuhl am Fenster bringt asiatisches Flair in den Raum.
Oben rechts Die Farbe Türkis ist das verbindende Element in diesem Raum. Die patinierte Kommode und der kleine Polstersessel zeigen typische Formen aus den 1950er-Jahren.

SITZMÖBEL Stühle gehören so sehr zu unserem täglichen Leben, dass wir sie – selbst, wenn wir darauf sitzen – kaum noch wahrnehmen. Schon auf antiken Gemälden und Keramiken sind sie in all ihrer beeindruckenden Vielfalt abgebildet. In vieler Hinsicht illustrieren ihre unterschiedlichen Formen die Entwicklung, die unser häusliches Leben und auch die sozialen Konventionen genommen haben. Außerdem sind sie ein wichtiges Kapitel in der Geschichte des Möbeldesigns. Einige der frühesten Entwürfe – wie etwa der griechische Klismos-Stuhl mit seiner wunderschönen Linienführung oder die x-förmigen Hocker aus dem alten Ägypten – beeinflussen Stuhldesigner noch heute. Kunstreich gestaltete Objekte wie diese blieben allerdings viele Jahrhunderte lang ausschließlich der herrschenden Klasse vorbehalten. Genau wie die Throne der gekrönten Häupter waren auch sie Symbole für Macht und Einfluss.

Der einfache Mann musste sich mit schlichteren Sitzgelegenheiten zufrieden geben. Diese hatten mit Komfort oder gestalterischer Raffinesse nur wenig zu tun, sondern mussten in erster Linie ihren Zweck erfüllen. Ein gutes Beispiel für einen solchen pragmatischen Ansatz sind die robusten drei- oder vierbeinigen Hocker, die in bäuerlichen Stuben und Ställen Tag für Tag gute Dienste leisteten. Weit stilvoller saß es sich natürlich auf ihrer edleren Variante, dem so genannten tabouret, der an den europäischen Höfen und in kultivierten Haushalten zuhause war.

Oben Der gepolsterte Lederstuhl von George Mulhauser ist eigentlich in den 1950er-Jahren zuhause, macht aber auch in einem Stil-Altbau eine gute Figur.
Ganz links Leder wurde schon immer gerne in Knopfpolsterung verarbeitet. Für dieses Retro-Ambiente wurde ein klassisches Chesterfield-Sofa ausgewählt, das zu Beginn des 20. Jahrhunderts gefertigt wurde.
Links Dieser Raum in der oberen Etage einer provenzalischen Villa verdankt seinen besonderen Charme den mintgrünen Wänden, dem alten Fliesenboden und einem Barcelona Chair von Mies van der Rohe.
Gegenüber Der klassische Eames Chair ist mit geschmeidigem Leder bezogen. Betont puristisch präsentiert sich der geradlinige Stuhl, genau wie der Tisch – ein Entwurf von Marc Berthier aus den 1960er-Jahren.

Der Duc de Saint-Simon, der als Chronist des ausgehenden 17. Jahrhunderts bekannt wurde, hat dieses Möbelstück als Dreh- und Angelpunkt der Sitzrivalitäten am Hof Ludwigs XVII. ausgiebig dokumentiert. Damals durften nur höhere Adelige in Gegenwart des Königs auf einem der zierlichen Hocker Platz nehmen, alle anderen mussten Audienzen im wahrsten Sinne des Wortes durchstehen.

Auch im 18. Jahrhundert dienten Stühle als Statussymbole. Allerdings wurden sie nun minutiös auf die Architektur und das Gesamtinterior abgestimmt. Gestalter wie William Kent oder Robert Adam (der viel mit Thomas Chippendale zusammenarbeitete) produzierten für jedes Haus und jeden Raum einen eigenen Stuhl. Möbel galten als Ausdruck kultivierten Geschmacks, der überwiegend klassizistisch geprägt war. Bis Ende des 19. Jahrhunderts kamen weitere interessante Spielarten dazu: Regency, neugotisch-viktorianisch und noch einige mehr,

Oben links *Das zeitgenössische Sofa von Inga Sempé zeigt Anleihen an die 1950er-Jahre. Die strenge Geradlinigkeit des Rahmens wird durch den gesteppten Bezug gemildert.*

Oben Mitte *Hier wurde der Grand Confort von Le Corbusier nicht wie üblich mit Leder, sondern mit schlichtem Leinen bezogen. Die kontrastfarbenen Keder betont die Linienführung des Chromgestells.*

Oben rechts Das Vintage-Sofa vom Trödler, das mit einem Bezug in knackigem Yves-Klein-Blau aufgefrischt wurde, wirkt vor der offenen Treppe fast skulptural.

die sich nicht immer durch eine vollendete Ästhetik auszeichneten. Danach wurden Stimmen laut, die sich kritisch über die exzessiven Ornamente äußerten, mit denen viele der zeitgenössischen Möbel übersät waren. Es entstanden Gegenströmungen wie die Arts-and-Crafts-Bewegung, die mit ihrem Credo »form follows function« Impulsgeber für eine neue Generation von Gestaltern war.

Das 20. Jahrhundert entwickelte sich schließlich zum Jahrhundert des Stuhls. Die Entwürfe von frühen Modernisten wie Walter Gropius, Marcel Breuer, Mies van der Rohe und Le Corbusier zeichneten sich durch ihren revolutionären Ansatz aus, der durch die zahlreichen Neuentwicklungen bei Material und Fertigungstechniken begünstigt wurde. Auch die zweite Generation von Designern, zu der unter anderem Ray und Charles Eames, Verner Panton, Hans Wegner und Eero Saarinen gehörten, arbeite überwiegend mit neuen Materialien. Ihre Entwürfe

Links Der Stuhl von Carlo Mollino aus den 1940er-Jahren und der Paravent mit einem Motiv von Edward Burne-Jones (einem Mitglied der Arts-and-Crafts-Bewegung um William Morris) scheinen wie füreinander geschaffen. **Oben** Mit seinem apfelgrünen Polster sieht der Saint-James-Stuhl von Jean Nouvel wie eine Kreatur aus dem Weltraum aus.

aus Fiberglas und geformtem Kunststoff waren ebenso bahnbrechend wie einflussreich. Viele davon werden noch heute als Lizenzproduktionen hergestellt.

Stühle können in einer Wohnung mehrere wichtige Rollen spielen. Sie können zwanglose Begleiter sein, funktionale Helfer oder auch die Stars der Show. Zur ersten Kategorie gehören Beistellstühle, die man nur dann an den Tisch rückt, wenn man sie braucht. Die Kategorie der Helfer erfüllt zuverlässig tägliche Aufgaben – als Esszimmerstuhl, Lehnsessel oder Stummer Diener. Echte Stars erkennt man auf Anhieb, aus welcher Epoche auch immer sie stammen. Zu dieser Kategorie gehört so ziemlich alles, was zu Beginn des 20. Jahrhunderts von Breuer, Le Corbusier oder Mies van der Rohe entworfen wurde. Aber auch später gab es noch spektakuläre Designs – zum Beispiel Arne Jacobsens archaisch geformten Egg Chair von 1958, den S-Chair von Verner Panton aus den 1960ern (der aussieht, als ob er jeden Moment in die Luft schnellt), oder Eero Saarinens eleganten Tulip Chair, den vielleicht populärsten aller modernen Esszimmerstühle. Und natürlich die zahllosen Arbeiten zeitgenössischer Designer aus Europa, Japan und den USA, die mit ihrem innovativen Ansatz die Tradition modernistischen Designs adäquat fortsetzen.

Unten links *In diesem renovierten Cottage ruhen zwei Vintage-Lehnstühle vor einer Wand, die das Wohnzimmer von der Küche trennt.*

Unten Mitte *Der berühmte Stuhl Coconut von Bertoia aus den 1950er-Jahren ist ein absolut zeitloser Klassiker.*

Unten rechts *Zwei blau gepolsterte Exemplare des Orange-Slice-Stuhls, der von Pierre Paulin in den 1960er-Jahren designt wurde.*

Oben von links nach rechts Die Stahlrohrstühle aus den 1950ern sind das perfekte Pendant zu dem Temperagemälde von Gerard Drouillet. / Das samtbezogene Sofa, der kegelige Rattanstuhl aus den 1950ern und der lackierte Stuhl im Napoleon-III-Stil bilden einen schönen Materialkontrast. Die weiße Tütenlampe ist ein Flohmarktfund. / Vor dem geradlinigen Mosaikboden kommt die geschwungene Form der weißen Stühle perfekt zur Geltung. / Die Schaukelstuhlvariante des Fiberglasstuhls DAR, den Charles Eames 1953 konzipierte, wirkt vor dem weißen Hintergrund besonders luftig.

Unten von links nach rechts Die Formholzstühle mit den abgewinkelten Metallbeinen können auch im Außenbereich eingesetzt werden. / Der mit Kunststoff ummantelte Acapulco Chair kontrastiert und harmoniert mit den gelb-bunten Fliesen dieses Patios in Tunis. / Der moderne Stuhl, der einen Entwurf von Eames zitiert, gibt dem wohnlich gestalteten Bad einen markanten Retro-Look. / Zu dem limonengrün gestreiften finnischen Teppich aus den 1950ern wurde die Neuauflage eines Eames Chair kombiniert.

ARBEITSSTÜHLE

Ein gut designter Arbeitsstuhl funktioniert nicht nur an Tischen, die in einem Arbeitsumfeld stehen, sondern auch am Esszimmertisch. Viele Modelle sind ohnehin so konzipiert, dass sie für beide Bereiche gleich gut geeignet sind. Neben Funktionalität und Leichtigkeit (man sollte einen Arbeitsstuhl problemlos von A nach B transportieren können) ist der Sitzkomfort von zentraler Bedeutung: Besonders Schreibtischstühle müssen den Körper so stützen, dass man auch über einen längeren Zeitraum hinweg bequem sitzen kann. Dazu braucht es nicht unbedingt ein weiches Polster, sondern vielmehr eine nach ergonomischen Gesichtspunkten durchdachte Form (die idealerweise natürlich auch eine ansprechende Optik haben sollte).

Alle diese Kriterien werden von den Designklassikern der modernistischen Gestalter vorbildlich erfüllt. Viele von ihnen haben leichte Metallrohrgestelle, die mit Materialien wie geformtem Kunststoff oder Fiberglas kombiniert sind. Durch ihre klaren Linien passen sie in jede Art von Raum und an jede nur erdenkliche Art von Tisch. Besonders platzsparend sind Modelle mit Säulenfuß wie Eero Saarinens berühmter Tulip Chair oder auch Verner Pantons S-Chair, die sich auch bei etwas beengten Platzverhältnissen problemlos gruppieren lassen.

Diese Seite Im Arbeitszimmer eines Pariser Apartments greift die abgewinkelte Tizio-Leuchte aus den 1970er-Jahren die Linienführung der weißen Panton Chairs aus den 1960er-Jahren auf. In Kombination mit dem alten Holztisch sehen die Designklassiker glatt fünfzig Jahre jünger aus.
Gegenüber (im Uhrzeigersinn von links oben) Im Arbeitszimmer dieses behutsam renovierten Hauses aus den 1950ern wurde die Originalmöblierung aus Tisch, Stuhl und Einbauregal beibehalten. / Stuhl und Tisch dieser schlichten Arbeitsecke stammen von eBay. Dazu wurden Wandregale aus Metall und Leinenvorhänge kombiniert. / Die alten Schulstühle mit Metallgestell passen perfekt zu den unverputzten Wänden und dem bläulichen Fliesenboden dieses rustikalen Büros. / Um Alber, ein Esstisch von India Mahdavi, sind Cherner-Stühle von einem Antikmarkt gruppiert.

HOCKER Mit seiner rudimentären Konstruktion aus Sitz und drei bis vier Beinen ist der Holzhocker die früheste bekannte Form von Sitzmöbel. Seit Anbeginn der Menschheit wird er von allen Kulturen genutzt und noch heute in den verschiedensten Varianten hergestellt. Man könnte fast sagen, dass auch er sich – genau wie das Rad – auf die Entwicklung der Menschheit ausgewirkt hat.

Aus der Urform wurden durch Hinzufügen von Spindelstäben als Rücken- oder Armteile zunächst der klassische Pfostenstuhl und der so genannte Windsor-Stuhl entwickelt. Ursprünglich wurden die schlichten und meist niedrigen Sitze in erster Linie für arbeitende Tätigkeiten genutzt – zum Melken oder bei der Zubereitung des Essens am offenen Herd. Aber der Hocker hatte auch seine großen Momente, nämlich als Statussymbol für Einfluss und Macht. So war, wie bereits erwähnt, am Hofe von Ludwig XIV. die Erlaubnis, in Gegenwart des Königs auf einem gepolsterten *tabouret* Platz nehmen zu dürfen, ein heiß begehrtes Privileg, das nur den Nobelsten zuteilwurde.

Heute werden Hocker in den unterschiedlichsten Macharten produziert. Es gibt hohe Modelle, die in zahllosen Varianten von Holz bis Chrom wahlweise mit oder ohne Lehne an der Bar stehen. Es gibt niedrige Modelle wie den vielseitigen Stapelhocker von Alvar Aalto. Es gibt höhenverstellbare Modelle für den Arbeitsplatz oder das Klavier. Wie verschieden sie alle auch sein mögen: Jeder von ihnen ist ein praktischer Helfer, der auch als Ersatztisch oder Fußablage gute Dienste leistet.

Rechts Die Essecke in dieser Pariser Wohnung wirkt durch den gelben Anstrich wunderbar sonnig. Am Tresen stehen passend mit Leder bezogene Hocker von Poltrona Frau.

Gegenüber (im Uhrzeigersinn von links oben) Küche und Esszimmer sind von den Barhockern über die Schränke bis zu den Hängeleuchten komplett mit Vintage-Stücken eingerichtet. / Die polierten Holzhocker mit ihren anatomisch geformten Sitzflächen sind absolut zeitlos. / Durch ihre futuristische Form sehen die metallenen Barhocker wie kleine Industrieroboter aus. / Die Vintage-Hocker mit den runden Sitzen zeigen einen dezenten Industrie-Chic.

Oben links Ein Trio glänzend lackierter Dreibeintische ist mit einer Leuchte von Noguchi kombiniert. Einen schönen Kontrast bildet die zierliche Bank in hellem Türkis.
Links Auf dem zweiteiligen Tisch aus Lochblech, der von Mathieu Matégot stammt, stehen Keramikobjekte von Melanie Cornu.
Oben Ein niedriger Freischwinger mit Elementen aus Sisalkordel und Formholz teilt sich den quadratischen Couchtisch mit einem kegelig geformten Rattanstuhl. Verbindendes Element zwischen den ungleichen Stühlen ist ihre markante Textur.

Gegenüber links Eyecatcher der Sitzecke im Sixties-Stil sind zwei Sessel aus Kunstleder und ein Tisch, der wie ein gefaltetes Blütenblatt aussieht.
Gegenüber rechts Im Wohnzimmer von Gérard Drouillet bildet der niedrige Glastisch von Jean Prouvé die perfekte Präsentationsfläche für eine bunte Keramiksammlung.

BEISTELLTISCHE Die ersten Tische bestanden aus halbierten Baumstämmen oder Planken auf einem Bock. Es waren extrem schlichte und robuste Möbel, auf denen man, nachdem das Essen abgeräumt war, oft auch schlief. Als das häusliche Leben nicht mehr nur von praktischen Dingen bestimmt wurde und so etwas wie Freizeitkultur aufkam, entwickelten sich aus dem archetypischen Modell schnell andere Varianten wie reine Esstische und eine Vielzahl kleiner Tischchen, die zum Abstellen von Tassen und Ablegen von Büchern und anderen Kleinigkeiten genutzt wurden. Diese Beistelltische waren im Laufe der Geschichte mal mehr und mal weniger populär. Illustrationen von viktorianischen Häusern zeigen oft Salons, die vor Tischchen geradezu strotzen – vor dem Sofa, neben dem Sessel und in jeder verfügbaren Ecke. Es muss ziemlich schwierig gewesen sein, sich im Raum zu bewegen, ohne sich dabei zu stoßen. Im zeitgemäßen Interiordesign spielen Beistelltische eine nicht unbedeutende Rolle: Sie sind multifunktional, flexibel einsetzbar und zudem dekorativ. Man kann mit ihnen Akzente im Raum setzen – und dem Raum ohne viel Aufwand einen Hauch von Retro geben.

AUFBEWAHRUNGEN Obwohl Aufbewahrungen nicht besonders glamourös sind, spielen sie gerade im modernistischen Interiordesign eine wichtige Rolle. Wir leben unbestreitbar in einer Konsumgesellschaft und kaufen oft wesentlich mehr, als nötig ist. Um alles unterzubringen, brauchen wir entsprechende Lösungen – und damit ist nicht eine Kartonsammlung für unters Bett gemeint.

Im Design des beginnenden 20. Jahrhunderts ging es unter anderem darum, neue Wohnkonzepte zu schaffen. Zu den Kernwerten des Bauhauses, das die Gestalter dieser Zeit maßgeblich beeinflusste, gehörten unter anderem Ordnung und Effizienz. Wie von Le Corbusier in seinen Schriften zum Konzept der neuen »Wohnmaschine« gefordert, sollte die Ausstattung eines Hauses integraler Teil des Lebensumfelds sein. Offene Wohnräume und das durchkomponierte Zusammenspiel ihrer Einrichtungsobjekte waren eines der zentralen Merkmale der neuen Architektur. Entsprechend viel wurde über die effiziente Nutzung des vorhandenen Raums nachgedacht – sei es in Form von Einbauregalen und Schiebetürschränken, platzsparenden Schrankbetten oder Spezialentwürfen wie Martiniglashalter für die Hausbar.

Einen etwas anderen Ansatz als ihre Kollegen aus der Architektur, die wandfüllende Einbauten bevorzugten, verfolgten die modernistischen Designer, deren Augenmerk in erster Linie freistehenden Stauraumlösungen galt. Gerade in den 1950er-Jahren entstanden zahlreiche markante Entwürfe für alle möglichen Arten von Aufbewahrung. Es gab Schränke, hohe und niedrige Kommoden, Anrichten und Vitrinen, die sowohl für den Wohn- als auch den Schlafbereich gedacht waren. Viele der Möbel wurden mit Hölzern wie Walnuss, Eiche, Teak oder Birke gefertigt und mit subtilen Details wie Einlegearbeiten verziert.

Gegenüber (im Uhrzeigersinn von links oben) Die ungewöhnliche Anrichte, die in einer großzügigen Essküche steht, stammt aus einer alten Fabrik. / Die imposante Seventies-Kommode aus geschwärzter Eiche steht in der Wohnung von Gérard Drouillet. Die Stühle sind ein Entwurf von Tobia Scarpa aus dem 20. Jahrhundert. / Der Raum hinter der gepolsterten Bank wird durch eine Regalwand mit bunten Türelementen genutzt.

Rechts Das modulare Regalsystem, das von Arnaud Caffort designt wurde, beherbergt Spielsachen aus den 1920ern, einen pinken Hund von Keith Haring, Suppendosen à la Warhol und eine Leuchte im Stil von Boris Lacroix.

Unten Die Türen der Kommoden aus dem 18. Jahrhundert zeigen eine aufwändige Faltenfüllung. Auf der linken stehen Gipsmodelle von Gio Ponti.

Rechts Eyecatcher dieser Kommode ist ihre raffinierte Patina.

Unten links Die raue Steinwand, der alte Planschrank, ein Plakat aus den 1950ern und eine Reklameschrift bilden ein charmantes Ensemble.

Unten rechts In dieser provenzalischen Wohnküche dient der Arbeitstisch im Industrie-Look auch als Ablage für Geschirr, Besteckkörbe und Holzbretter.

Gegenüber (im Uhrzeigersinn von oben) Das Industrieregal auf Rädern ist eine praktische und flexible Aufbewahrung für Zeitschriften und Bücher. / Der geräumige Einbauschrank für Gläser und Porzellan wird mit zwei Glastüren aus dem 19. Jahrhundert verschlossen. / Eine Vitrine wie diese würde auch in einem Laden eine gute Figur machen.

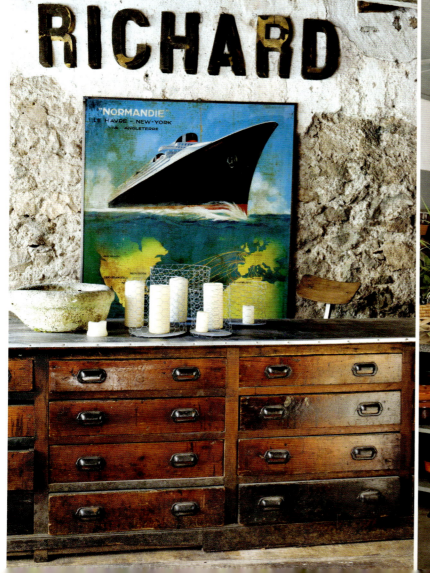

Und natürlich gab es das Sideboard, das in der Einrichtungswelt lange ein Schattendasein gefristet hatte und von den Fifties-Designern wieder ins Rampenlicht geholt wurde. Man produzierte innovative Entwürfe, die mit ihrem schlanken, eleganten und stimmigen Look bis heute die Designwelt inspirieren.

Natürlich widmete man sich in den 1950er-Jahren nicht nur dem Gestalten von Möbeln für den Hausgebrauch. Auch in Industrie und Dienstleistungsunternehmen waren funktionale Entwürfe gefragt, die die große Nachfrage nach bedarfsgerechtem Stauraum deckten, den Werkstätten, Büros oder Läden naturgemäß haben. Man produzierte Spinde und Rollwagen aus Metall, Plan- und Aktenschränke aus Holz, Verkaufstresen und komplette Ladeneinrichtungen. Viele dieser Objekte kommen heute bei Einrichtungskonzepten im Retro-Stil als Alternative zu konventionellen Möbelstücken zum Einsatz. Mit ihrem geradlinigen Design sind diese ungeschliffenen Diamanten ein Spiegel ihrer Zeit und funktionieren dennoch mit fast jeder Stilrichtung und jedem Raum.

SIDEBOARDS Bevor im späten 18. Jahrhundert die ersten Esszimmer aufkamen, hatte man seine Mahlzeiten in anderen Räumen eingenommen. Zu dieser Zeit kreierten talentierte Möbelbauer wie Thomas Chippendale das Sideboard, eine neue Art von Möbel, die fester Bestandteil der Esszimmereinrichtung wurde. Der niedrige Schrank, der meist zentral an der Wand platziert wurde, bot in seinen Fächern und Schubladen nicht nur Platz für Tafelgeschirr oder Getränke, sondern diente auch als Ablage beim Servieren. Somit war die elegante Anrichte die perfekte Synthese von Form und Funktion. Hundert Jahre später wurde ihre Gestalt allerdings immer massiver und sie kam bald danach aus der Mode. Erst als in der ersten Hälfte des 20. Jahrhunderts die Verbindung von Schönheit und Praxistauglichkeit bei den Modernisten wieder zum Thema wurde, feierte das Konzept des Sideboards in leicht veränderter Form ein Revival. Die praktischen Möbel wurden nun auch im Wohnzimmer eingesetzt – sofern es solche monofunktionalen Räume überhaupt noch gab. Ihr Design war zum Teil sehr außergewöhnlich, extrem niedrig oder taillenhoch angelegt, mit schlanken Beinen und mit vielen praktischen Details wie leichtgängigen Schiebetüren.

Links Wie alle Möbel wurde auch das Sideboard speziell für dieses Haus aus den 1950er-Jahren entworfen. Das Gemälde von Jean Lurçat stammt aus der gleichen Zeit.
Unten links Dieses Möbelstück aus den 1950er-Jahren stammt aus der Feder von Florence Knoll. Darauf steht eine Keramik von Chomo aus den 1940ern.
Unten Mitte Dieses Sideboard von 1955 ist ein Entwurf von T. H. Robsjohn-Gibbings, der in seiner Zeit ein gefeierter Designer war. Darüber hängen zwei Fotografien von Vik Muniz.
Unten rechts Ein Pinguin, der auf einer Auktion ersteigert wurde, bewacht die Vintage-Anrichte mit farblich abgesetzten Schiebetüren.
Gegenüber In dem Haus, das früher dem Künstler Gérard Drouillet gehörte, sind zwei seiner Gemälde prominent über einem Entwurf von Charlotte Perriand aus den 1930er-Jahren platziert.

Beleuchtung

Im Interiordesign spielt Beleuchtung eine ebenso große Rolle wie Ausgewogenheit und Proportion – wenn nicht sogar eine größere. Vor der Erfindung von Gasbeleuchtung und Elektrizität nutzte man Ölleuchten oder Kerzen, um die Nacht zum Tag zu machen. Um den Raum gleichmäßig auszuleuchten, wurden mehrarmige Kandelaber und Lüster an Wände und Decken gehängt. Viele der frühen Leuchter des 20. Jahrhunderts sind lediglich Abwandlungen dieses Prinzips, bei dem die Kerzen einfach durch ähnlich geformte Elemente ersetzt wurden. In den 1950er-Jahren hatte sich die elektrische Beleuchtung durchgesetzt und bot Designern eine willkommene Gelegenheit, das Thema Licht komplett zu überdenken und auch hier mit den neuesten Errungenschaften des Fortschritts zu experimentieren. Man schuf fantasievolle Leuchten aus Metall und Kunststoff, klassischem Glas und Fiberglas, und zwar in allen nur erdenklichen Formen von reduziert geometrisch bis organisch geformt. Die skulpturalen Kreationen explodierten an der Decke, entfalteten sich an der Wand, wuchsen aus dem Boden und sprossen auf dem Tisch. Diese frühen Modelle, die den Weg für noch weit innovativere Formen geebnet haben, sind besonders kompatibel mit Retro-Interiors und zudem so beliebt, dass viele von ihnen noch heute produziert werden.

Oben Dieser Raum wird unter anderem von einer bunten Sputnikleuchte des dänischen Herstellers Lunel aus den 1960er-Jahren beleuchtet. Auf dem Sideboard steht eine schwarze Metallleuchte aus den Fifties.
Oben rechts In diesem Raum sind alle Objekte – wie die klassische Tütenlampe aus den 1950er-Jahren und der Eames Chair von 1953 – sorgfältig arrangiert.

Gegenüber Zur Essecke dieses großen Wohnraums gehören ein Tisch von Knoll, Series-7-Stühle von Arne Jacobsen und eine Pêche de Nuit Bodenleuchte von Pascal Mourgue.

DECKENLEUCHTEN Manche Räume schreien geradezu nach einer Deckenleuchte. Dazu gehören nicht nur hohe Zimmer, sondern auch solche, die wegen ihrer Proportionen eine ganze Reihe von Ankerpunkten brauchen. Plafonds mit Stuckelementen wie Rosetten oder umlaufenden Leisten sind der perfekte Rahmen für Hingucker-Leuchten (und damit sind keine rudimentären Konstruktionen aus Kabel und Glühbirne gemeint). Bereits im 18. und 19. Jahrhundert haben Architekten und Raumausstatter aufwändig gestaltete Lüster eingesetzt, die mit ihren facettierten Kristallelementen das Kerzenlicht verstärkten und funkelnde Akzente im Raum setzten. Die Entwürfe modernistischer Gestalter waren nicht weniger spektakulär. Mit den 1930er-Jahren gewann die Idee der dramatischen Lichtinszenierung immer mehr an Bedeutung. Man entwarf Deckenleuchten, die ein wahres Feuerwerk an Kreativität waren. Manche der Designs waren fast völlig von der Form losgelöst, andere betont diszipliniert. Die Inspiration für die dramatischen Objekte holte man sich in der Natur und in der immer mehr an Bedeutung gewinnenden Wissenschaft. Auch hier sorgten die neuen Materialien und Verfahren dafür, dass Designs entstehen konnten, die in mancher Hinsicht ihrer Zeit weit voraus waren.

Gegenüber Wie eine überdimensionale Blüte hängt Discoco, ein Entwurf von Christophe Mathieu aus dem Jahr 2008, im Raum.

Oben links Dieses Zimmer wird von zwei Kreisformen dominiert: dem Ball Chair von Eero Aarnio aus den 1960ern und einer Ikea-Leuchte, die wie ein Himmel aus weißen Papiersternen aussieht.

Oben rechts Scheisse (so heißt das Objekt tatsächlich), ist eine zeitgemäße Leuchte, die wie eine zerbrochene Riesenglühbirne aussieht. Das skulpturale Objekt hängt in einer komplett weißen Küche mit Stühlen aus Formkunststoff.

BELEUCHTUNG

Links In dieser Küche wurde eine moderne Keramikspüle auf eine alte Ladentheke gesetzt. Darüber hängen zwei emaillierte Metallleuchten in Zitronengelb.
Gegenüber Die originellen Leuchten mit ihren Teetassenschirmen setzen über dem Küchentresen einen charmanten Akzent.

Rechts Von einer mit Nut- und Federbrettern verkleideten Wand strahlt eine Retro-Leuchte mit verstellbarem Arm in den Raum.
Ganz rechts Die rustikale Finca hat ein dramatisches und zugleich praktisches Lichtkonzept: Der schlichte Tisch und die markanten Metallstühle werden von einer schwenkbaren Flos-Deckenleuchte ausgeleuchtet.
Unten links Durch die Scherenhalterung lässt sich die große Metallleuchte, die durch ihren Industrial-Look besticht, in den Raum hineinziehen.
Unten rechts Mit dem tütenförmigen Strahler, der durch die rote Farbe besonders präsent wirkt, kann das Schlafzimmer punktuell ausgeleuchtet werden.

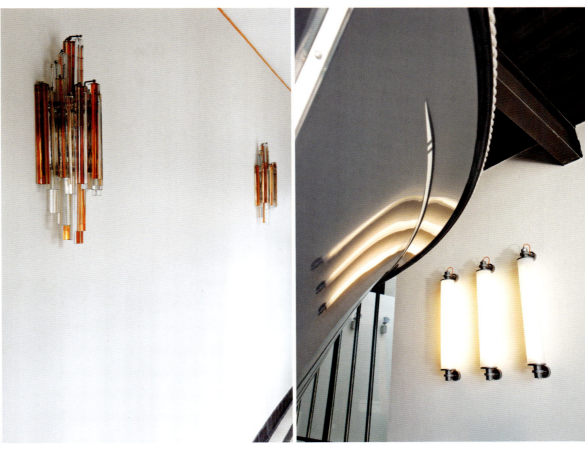

WANDLEUCHTEN Manche Menschen tun sich bei der Wahl einer passenden Wandleuchte richtig schwer. Welches Modell das richtige ist, hängt in erster Linie davon ab, ob man es zum Schaffen von Grundlicht oder als Teil eines Beleuchtungskonzepts einsetzen will. Ob es ein Arbeitslicht sein soll, das beispielsweise einen Schreibtisch ausleuchtet, oder aber als Spot genutzt wird, um bestimmte Dinge zu highlighten. Darum ist ein klassischer Armleuchter, wie er früher zum Halten von Kerzen oder Fackeln benutzt wurde, nicht immer die beste Lösung, weil er tendenziell eher in die Kategorie »dekorativ« fällt. Weitaus praktischer sind Arbeitsleuchten mit drehbaren Schirmen und beweglichen Armen, mit denen man das Licht deutlich besser fokussieren kann. Ästhetisch und dennoch funktional sind viele der frühen Entwürfe des Modernismus. Durch Materialien wie Glas oder Chrom sind die extravaganten Lichtobjekte nicht nur ästhetisch, sondern verstärken als Akzentlicht auch gleichzeitig die Wirkung von Bildern, Möbeln und anderen Leuchten.

Oben links Vintage-Leuchten wie diese sind nur selten zu finden. Die gefärbten Glaselemente sehen ein wenig wie Eiszapfen aus.
Oben rechts Blitzender Chrom und opakes Glas lassen das Wandleuchtentrio wie einen Vintage-Entwurf wirken – tatsächlich ist es aber neu.

BODENLEUCHTEN In den 1960er- und 1970er-Jahren galten Bodenleuchten – oder Standleuchten, wie sie auch genannt werden – als unmodern. Das lag vor allem an dem allgegenwärtigen Typus, der landauf, landab in unzähligen Wohnzimmern zuhause war und an einen umgedrehten und mit Rüschen übersäten Blumentopf am Stiel erinnerte. Obwohl es natürlich auch formschöne Exemplare wie die aus den Fifties gab, war diese Art von Leuchten im Allgemeinen nicht sehr beliebt. Glücklicherweise ist diese Abneigung mittlerweile Geschichte und man sieht sie in einem völlig neuen Licht. Objektiv betrachtet bieten Bodenleuchten nämlich gleich zwei große Vorzüge: Zum einen sind sie noch weit mehr als andere Einrichtungsgegenstände skulpturale Objekte, die mit ihrer ausdrucksvollen Ästhetik entscheidend zum Gesamteindruck eines Raumes beitragen. Und zum anderen sind sie ausgesprochen praktisch. Weil man sie durch ihre leichte Konstruktion problemlos überall hinstellen kann, lassen sich damit bestimmte Bereiche gezielt ausleuchten – zum Beispiel ein Lesesessel oder eine Nische, in der nur temporär Licht gebraucht wird. Ein echter Klassiker unter den Retro-Bodenleuchten ist die majestätische Arco, ein Aluminiumbogen mit massivem Marmorfuß, der 1962 von Achille Castiglioni entworfen wurde. Doch auch andere Entwürfe haben viel Potenzial – man muss sich nur die Mühe machen, es zu erkennen.

Oben links Die aparte Lunel-Bodenleuchte aus den 1950er-Jahren steht in einem Pariser Stilaltbau.
Oben Der Essbereich mit rundem Tisch und Stühlen von Eero Saarinen wird von einer dekorativen Leuchte von Jieldé mit Zickzackständer akzentuiert.
Gegenüber Die skulpturale Dreibeinleuchte Mante Religieuse (zu deutsch: Gottesanbeterin) wurde von Rispal in den 1950er-Jahren produziert.

TISCHLEUCHTEN In der Interiorwelt werden Tischleuchten wegen ihrer hübschen Schirme und dekorativen Füße gerne eingesetzt, um eine femininere Art von Beleuchtung zu schaffen. Wer einen reduzierteren Look möchte, sollte auf die Modelle der frühen Modernisten zurückgreifen. Für sie waren nämlich auch Tisch- und Schreibtischleuchten willkommene Objekte für gestalterische Experimente mit Formen und Materialien. Die Entwürfe zeigen einen Gestaltungsansatz, der auf den Bezug zu Kerzenleuchtern oder Gaslampen und auf verspielte Ornamente bewusst verzichtet. Der dekorative Aspekt rührt allein von Elementen wie einem außergewöhnlich geformten Fuß oder einem geschickt in die Gesamtkomposition integrierten Schirm. In den 1930er-Jahren erfand der Automobilingenieur George Carwardine die Anglepoise Lamp, deren verstellbarer Arm von einem Federzug stabilisiert wird und die noch immer in Produktion ist. Der revolutionäre Entwurf hat mit größter Wahrscheinlichkeit mehr Variationen dieses Themas inspiriert als irgendeine andere Art von Schreibtischlampe. Im Laufe des 20. Jahrhunderts wurden Tischleuchten zunehmend heiter und unbeschwert. Mit reichlich Erfindungsreichtum setze man neue Materialien wie Plexiglas und Plastik ein und schuf damit Leuchtobjekte, die eher als spektakuläre Einzelobjekte denn als schmückendes Beiwerk eines Gesamtarrangements eingesetzt werden sollten.

Unten links Wie man sieht, ist die Panthella Tischleuchte, die von Verner Panton 1971 entworfen wurde, noch immer hochaktuell.

Unten Diese neue Leuchte hat echten Vintage-Appeal – geradlinig, elegant und mit viel Esprit.

Gegenüber Der tütenförmige Schirm war in den 1950er-Jahren beliebt und wurde seitdem in vielen Variationen produziert.

Gegenüber *Dieser Wohnraum besticht durch einen faszinierenden Mix aus gelayerten Mustern und Texturen. Der Berber-Flickenteppich, der über das moderne Sofa drapiert wurde, bildet einen spannenden Kontrast zu den facettenreichen Fliesen. Für noch mehr Drama sorgt eine Bodenleuchte aus Chrom aus den 1970er-Jahren.*
Rechts *In diesem Raum sind Textilien das dominierende Element. Das Fenster, der Vintage-Sessel in stilisierter Kroko-Optik und selbst der Tisch tragen auffällige Leopardenmuster.*

Textilien

Im späten 19. Jahrhundert führten die Arbeiten von William Morris und seinem Arts-and-Crafts-Movement zu einem verstärkten Interesse an textilem Design, das bis in das 20. Jahrhundert andauerte. In dieser Epoche entstanden unter anderem im Bauhaus-Webatelier zahlreiche richtungsweisende Werke. Dort arbeiteten und unterrichteten berühmte Textildesignerinnen wie Gunta Stölzl oder Anni Albers nach denselben Prinzipien wie die anderen Gestalter der Weimarer Kreativschmiede. Erklärtes Ziel war, gut designte Objekte für jedermann erschwinglich zu machen. Mit ihren geometrischen Mustern und stilisierten Motiven, die auf Vorbildern aus der Tier- und Pflanzenwelt basierten, waren die Textilien dieser Zeit auffallend, mutig und vor allem extrem stilvoll. Die Farbpalette reichte von leuchtend bis subtil und unterschied sich dadurch erheblich von der, die noch fünfzig Jahre zuvor populär war. In den folgenden Dekaden betraten neue Protagonisten die Bühne. Gestalterinnen wie Marion Dorn führten gutes Textildesign als Muss jeder anspruchsvollen Raumgestaltung ein. Der Einfluss dieser Frauen war so groß, dass einige ihrer Entwürfe – insbesondere die von Lucienne Day – von zeitgenössischen Stoffverlagen wieder neu aufgelegt werden.

Links und oben Der Besitzer dieses marokkanischen Neubaus ist ein leidenschaftlicher Sammler von Teppichen. Sogar im schattigen Innenhof ist ein bunter Mix großzügig neben- und übereinander verteilt. Die glatten weißen Kunststoffmöbel bilden dazu einen interessanten Kontrast.

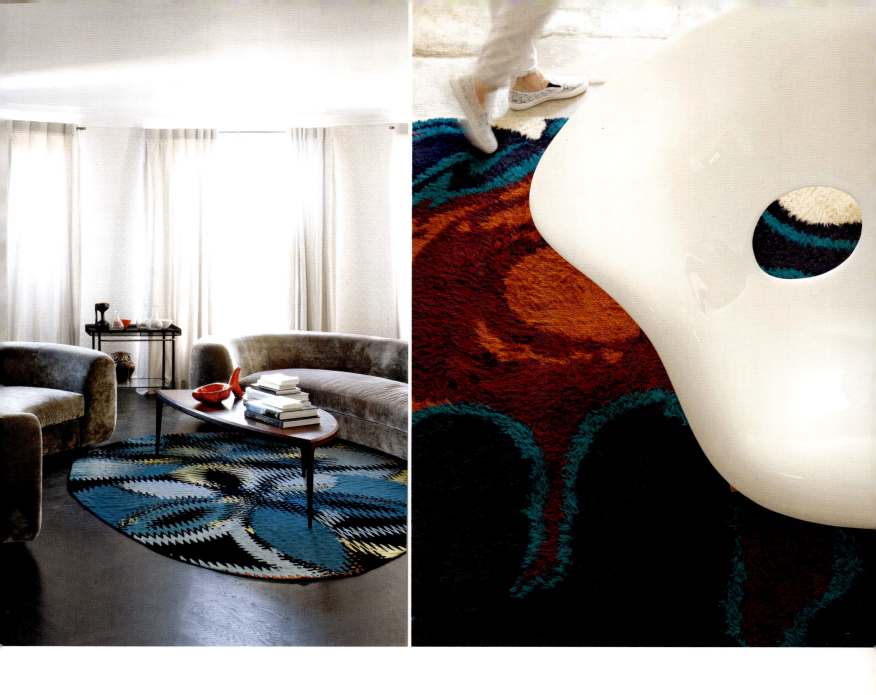

TEPPICHE Die modernistischen Wohnungen des frühen 20. Jahrhunderts zeigen einen betont reduzierten und disziplinierten Look. Wegen der nackten Böden, die in den neu entdeckten offenen Wohnräumen vorherrschten, gewannen Teppiche als Gestaltungselement zunehmend an Bedeutung. In gewisser Weise sah man sie als Gemälde, die mit ihren ausdrucksvollen Dessins – weit mehr, als es Dekorations- oder Polsterstoffe konnten – einen markanten Akzent im Gesamtkonzept des Interiors setzten. Im Teppichdesign des frühen 20. Jahrhunderts, das von auffälligen Mustern und subtilen Farben charakterisiert wird, sind deutliche Einflüsse aus dem Bauhaus zu erkennen, in dessen Textilwerkstatt neben Wandbehängen auch Teppiche entstanden. Doch auch Gestalterinnen wie Marion Dorn oder Eileen Gray lieferten bahnbrechende Entwürfe, die bis heute als Sammlerstücke gehandelt und zum Teil sogar neu aufgelegt werden. Neben diesen extravaganten Modellen gibt es natürlich auch zahllose zeitgenössische Designs, die man zur kreativen Bodengestaltung einsetzen kann. Für ein harmonisches Gesamtbild sollte man allerdings immer darauf achten, dass der Teppich weder zu dominant noch zu farblos ist.

Oben links Der betont nüchtern gehaltene Raum ist mit Möbeln von Christian Liaigre und einem extravaganten ovalen Teppich von Fedora Design ausgestattet.
Oben rechts Der geknüpfte Seventies-Langflorteppich aus dem Hause Scandinavian Rya wurde mit einer Neuauflage des Eames-Klassikers La Chaise kombiniert.

TEXTILIEN 155

Links Das kleine Fifites-Sideboard mit den Schiebetüren harmoniert perfekt mit dem Zickzack-Teppich und einem Vintage-Hocker, der mit einem Retro-Stoff bezogen ist.
Gegenüber Das Schlafzimmer zeigt die typischen Pastelltöne der 1950er-Jahre. Der Bettüberwurf von Woolworth greift das Türkis der Kommodenschubladen auf. Für einen knackigen Akzent sorgt der Teppich mit kirschroten und cremefarbenen Streifenpartien.

DEKORATIONS- UND POLSTERSTOFFE

Genau wie die Teppich- und Webkünstler verkörperten auch die Textildesigner, die sich auf Wohnstoffe spezialisiert hatten, den grundlegenden Wandel in der Formensprache der Nachkriegszeit. Auch in dieser Disziplin spielten die Bauhaus-Werkstätten eine wichtige Rolle. Obwohl dort überwiegend gewebt wurde, übten die dort entwickelten Muster einen großen Einfluss auf das Design der bedruckten Ware aus. Die ersten Entwürfe waren meist geometrisch angelegt, doch dann abstrahierten die Gestalter zunehmend Formen aus der Pflanzenwelt, die heute als charakteristisch für diese Periode gelten. Zu den bekanntesten Designerinnen ihrer Zeit zählte Lucienne Day, die mit dem Möbeldesigner Robin Day verheiratet war und für progressive Unternehmen wie Heal's arbeitete. 1951 konzipierte sie für das Festival of Britain »calix«, ein Dessin, das wie viele ihrer Entwürfe bis heute aktuell ist und noch immer gedruckt wird. Diese Wohntextilien bieten den vielleicht einfachsten Zugang zur Welt des Retro. Zum einen passen die Muster und zitronigen Farben zu fast jedem Einrichtungsstil. Und zum anderen sind sie relativ einfach zu beschaffen, weil viele von ihnen nach wie vor produziert werden.

Bodenbeläge

Eines der Schlüsselwörter des Modernismus ist, wie bereits mehrfach erwähnt, Einfachheit. Die Reduktion auf das Wesentliche und insbesondere das Weglassen überflüssiger Ornamente wurden von den Designern dieser Zeit als das Maß aller Dinge angesehen. Das bedeutete nicht, dass man auf dekorative Elemente komplett verzichtete. Allerdings trat an die Stelle des verschnörkelten Dschungels, der bis dato den kompletten Raum beherrschte, eine cleanere und eher grafische Form der Dekoration. Besonderes Augenmerk richtete man auf die Gestaltung der Böden, die nach Meinung der Gestalter vom Prinzip her eher schlicht als kunstvoll sein sollten. Als ideal galten durchgängig verlegte Beläge aus Holz, Fliesen oder dem neu erfundenen Linoleum. Um die Wohnung zu strukturieren, brachten die Innenarchitekten geometrisch gemusterte Elemente in die Bodengestaltung ein. Mithilfe von Teppichen oder Fliesenpartien, bei denen die Rapportgröße auf die zu gestaltende Fläche abgestimmt wurde, brach man große Räume auf oder definierte bestimmte Wohnbereiche. Diese Überlegungen sollte man auch in das Konzept einer zeitgenössischen Einrichtung im Retro-Stil einfließen lassen, um ein möglichst authentisches Ergebnis zu erzielen. Angenehmer Nebeneffekt einer solch reduzierten Bodengestaltung ist die Tatsache, dass vor diesem Hintergrund die eingesetzten Möbel besonders gut zur Geltung kommen.

Gegenüber Das kunstvolle Eichenparkett aus dem 19. Jahrhundert bekommt beim Blick durch den dunklen Plexiglas-Sitz des Ava-Stuhls von Song Wen Zhong einen futuristischen Touch.
Oben links In dieser sorgfältig restaurierten Villa aus den 1920er-Jahren wurden die Zementfliesen des Eingangsbereichs im Schachbrettmuster gestrichen.

Oben Mitte Der Mosaikboden im Pfauenfeder-Dessin stammt aus den 1920er-Jahren. Ein Art-déco-Spezialist an der französischen Atlantikküste hat ihn fachgerecht entfernt, restauriert und wieder verlegt.
Oben rechts Der Waschtisch mit Keramikoberfläche bildet einen reizvollen Kontrast zu dem schwarz-weißen Mosaikboden von Bisazza.

Links Die sechseckigen Fliesen in einer subtilen Kombination aus Senf und Blau geben einen interessanten Hintergrund für die klassische Vintage-Wanne ab.
Unten links In dem kleinen Badezimmer dient die mit Zementfliesen gestaltete Wand als Bühnenbild für die Vintage-Wanne.
Rechts Durch ihr klassisches Design kommen die portugiesischen Azulejos aus dem 18. Jahrhundert nie aus der Mode. Hier schmücken die Keramikfliesen eine kleine Küche.
Gegenüber Für die Retro-Küche wurden Fliesen in traditionellen Mustern ausgewählt. Sie sind als durchgängiger Spritzschutz über Arbeitsfläche und Spüle angebracht.

WANDFLIESEN

Seit vielen Jahrhunderten sind Wandfliesen ein wichtiges Kapitel in der Geschichte der dekorativen Kunst. Ihre Rolle war und ist es, den Geschmack ihrer Zeit zu reflektieren und zu interpretieren. Natürlich erfüllen sie auch einen praktischen Zweck: Sie fungieren als Spritzschutz hinter Waschbecken, Wannen und Küchenspülen und dienen gleichzeitig als gestalterisches Element in diesen ansonsten eher funktionalen Räumen. Anfang des 20. Jahrhunderts, als überbordende Dekore aus der Mode kamen, entsprachen geometrische und abstrakte Muster eher dem neuen Stilgefühl. Folgerichtig wurden auch die Wandfliesen um einiges schlichter.

Heute ist die Palette der angebotenen Dessins wieder breit gefächert. Die Qual der Wahl ist groß, und gerade für Retro-Interiors sollte man genau überlegen und gegebenenfalls recherchieren, welche Wandfliesen zu Möbeln und Kunstwerken dieser Stilrichtung passen. Das bedeutet natürlich nicht, dass man sich auf schlichte Muster beschränken sollte, ganz im Gegenteil: Gerade ältere Entwürfe, die sich durch besonders aufwändige Dessins auszeichnen, passen perfekt zum geradlinigen Design des 20. Jahrhunderts. Das Geheimnis liegt auch hier darin, es nicht zu übertreiben, die Fliesen also als dekorative Komponente einzusetzen und nicht als dominierendes Element im Raum.

Oben links Als Akzentfarbe der Hausbar aus den Fifties wurde ein warmes Rot gewählt. Stilvolles Pendant ist das Gläserset mit unterschiedlich gefärbten Kelchen.
Links Passend zur Entstehungszeit des Hauses wurde bei der luftigen Wabenwand das Innere der Segmente in den typischen Pastelltönen der 1950er-Jahre gestaltet.

Oben und gegenüber Den Innenhof dieses Gebäudes, das in den 1950er-Jahren errichtet wurde, zeigt ein großflächiges Fresko, das schwarz-weiße Partien mit Flächen in Primärfarben kombiniert.

FARBEN UND STRUKTUREN Bevor man Farben industriell produzieren konnte, war die Wahl eines Produkts zur Innenraumgestaltung in erster Linie von pragmatischen und finanziellen Überlegungen bestimmt. Farben in Naturtönen hielten nicht nur lange, ohne auszubleichen, sie waren auch relativ preiswert. Andere Nuancen wie Rot oder Gelb konnten sich nur wohlhabende Wohnungsinhaber leisten, weil sie weitaus aufwändiger und somit kostspieliger in der Produktion waren. Ende des 19. Jahrhunderts konnte man Farbe in Massenproduktion herstellen, und von diesem Zeitpunkt an stand das komplette Farbspektrum allen zur Verfügung, die zur Verschönerung ihres Zuhauses den Pinsel schwingen wollten. Die Architekten, Designer und Künstler des Modernismus hatten klare Vorstellungen zum Thema Farbe. Bei den frühen Arbeiten kamen überwiegend Schwarz, Weiß und Grau zum Einsatz, die (insbesondere bei Rietveld oder Mondrian) durch leuchtende Primärfarben ergänzt wurden. Schon bald nutzte man Farbe sowohl als ästhetisches wie auch als räumliches Instrument, um in den neuen offenen Wohnräumen bestimmte Bereiche zu definieren. Le Corbusier ging sogar soweit, in Zusammenarbeit mit einem Farbenhersteller zwei Paletten zu entwickeln, die als »Claviers de Couleurs« oder Farbtastaturen noch heute bekannt sind.

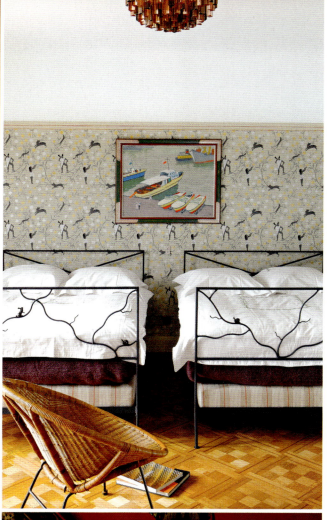

Ganz links Die Neuauflage der Mauny-Tapete »Les Danseuses« gibt dem Schlafzimmer, das mit Möbeln und Accessoires aus den 1930er-Jahren möbliert ist, den letzten Schliff.
Links Das elegante Motiv «Le Poète» von Mauny atmet den Stil der 1930er-Jahre und passt dabei perfekt zu den modernen Metallbetten mit ihren filigranen Gestellen.
Unten links Durch ihr gitterartiges Muster wirkt die zeitgenössische Tapete fast wie eine Trompe-L'Œil-Malerei. Das Bett aus dem 19. Jahrhundert ist mit Gobelinkissen geschmückt, an der Wand stehen zwei Wishbone-Stühle von Hans Wegner aus den 1950ern.
Unten rechts Die Wände dieses Zimmers wurden komplett »leopardisiert« – genau wie das Bett, der Schreibtisch und sogar der Fußboden.

Gegenüber Der Arbeitsbereich wird von einer Strukturtapete aus den 1950er-Jahren definiert, die von Sanderson neu aufgelegt wurde. Auch die restlichen Details – wie der Lichtschalter aus Keramik – wurden sorgfältig auf das Fifties-Thema abgestimmt.

MUSTERTAPETEN Seit die erste Rolle Papier vor einigen hundert Jahren mit einem Musterrapport bedruckt wurde, war die Tapete (die sich schon immer gegen ihren Konkurrenten, die Farbe, behaupten musste) mal mehr und mal weniger beliebt. So mancher lehnte sie als unnützes Beiwerk rundweg ab, für andere war sie ein wichtiges Gestaltungselement, das einen stilvollen Rahmen für die anderen Objekte im Raum schafft. Ursprünglich hatte man die Tapete als günstige Alternative zu den aufwändigen Damastbespannungen oder handgemalten Fresken erfunden, mit denen die Wände wohlhabender Häuser geschmückt waren. Wie bei allen Interiorelementen wurden mit der Industrialisierung auch bei der Tapete die Herstellungsmethoden rationeller. Die Serienproduktion, die Ende des 19. Jahrhunderts begann, machte sie für jedermann erschwinglich. Viele zeitgenössische Tapetenhersteller pflegen große Archive mit eigenen und angekauften historischen Entwürfen. Aktuell werden zahleiche Originaldessins aus allen Dekaden des 20. Jahrhunderts neu aufgelegt – was alle freuen dürfte, die einen Raum komplett oder teilweise im authentischen Retro-Look gestalten möchten.

Deko-Objekte

Vor allem im Interiorbereich können kleine Dinge eine große Wirkung entfalten. In diesem Fall sind damit Accessoires, Wandobjekte, Keramik und anderes Beiwerk gemeint – also all die kleinen Extras, die eine Verbindung zwischen den verschiedenen Einrichtungsobjekten schaffen und sie gleichzeitig wirkungsvoll in Szene setzen. Erst mit Deko-Objekten bekommt ein Raum Atmosphäre und Persönlichkeit. Es reicht allerdings nicht aus, sie einfach nur im Zimmer zu verteilen. Sie müssen vielmehr sorgfältig ausgewählt und ausgewogen komponiert werden. Die einzelnen Stücke müssen in ihrem Zusammenspiel funktionieren, damit die gewünschte Wirkung erzielt werden kann. Retro-Objekte – also alles von den 1920er- bis zu den 1970er-Jahren – machen das Dekorieren leicht, weil man sie problemlos kombinieren kann, und zwar untereinander und mit Teilen aus anderen Epochen. Die einzigen Regeln, die auch hier gelten, sind die von Proportion und Ausgewogenheit: Eine große Keramikschale neben einer zierlichen Porzellanfigur oder ein großes Pop-Art-Poster vor einem kleingemusterten Schwarz-Weiß-Hintergrund machen sich nicht besonders gut.

Gegenüber links Die Fifties-Kommode mit den limonengelben Türen harmoniert bestens mit dem Sonnenspiegel aus Rattan, dem orangefarbenen Saftservice aus geritzter Keramik, der Vogelschale und der Tischleuchte aus den 1950er-Jahren.
Gegenüber rechts Ganz im Stil der Pop-Art-Postkarte wurde zum gelben Kühlschrank eine in Neonpink gerahmte Reklame des Café Breton und eine Uhr mit türkisfarbenem Ziffernblatt kombiniert.
Diese Seite Ein extravagantes Wandbild von Alexander Calder und die Chomo-Keramik aus den 1940er-Jahren beweisen, wie dekorativ große Kunst sein kann.

SPIEGEL Im Interiordesign sind Spiegel als Gestaltungselemente extrem wichtig – manche würden sogar sagen, dass ein Raum erst mit einem Spiegel komplett ist. Natürlich dienen sie in erster Linie einem praktischen Zweck (nämlich dem, sein Aussehen zu kontrollieren, bevor man sich der Welt präsentiert). In punkto Einrichtung wirken sie aber wahre Wunder: Sie öffnen Räume, lassen kleine Zimmer größer wirken, bringen Licht in dunkle Ecken und akzentuieren durch ihre reflektierende Eigenschaft andere Objekte. Spiegel sorgen immer für das gewisse Extra an Dramatik – und das umso mehr, wenn sie einen schönen oder ungewöhnlichen Rahmen haben. In Gruppen gehängt, am besten als Mix aus großen und kleinen Modellen, lassen sie mit dem sich verändernden Licht einen Raum geradezu magisch wirken. Eine ihrer vielleicht besten dekorativen Qualitäten besteht darin, dass sie jede Art von Wandkunst besser aussehen lassen – weil sie wie kleine Spotlights den Blick anziehen und so den um sie herum gruppierten Objekten die verdiente Aufmerksamkeit verschaffen.

Gegenüber (im Uhrzeigersinn von links) Dieses Prachtstück von Sonnenspiegel wurde 1950 von Vallauris gefertigt. / An der blaugrünen Wand wurden als Spiegelersatz glänzende alte Bistro-Platzteller aus den 1950ern dekoriert. / Über dem Schreibtisch hängt eine Sammlung von Hexenspiegeln. Die Leuchte stammt aus einer alten Singer-Werkstatt.

Oben links Hier hat man dem Kultspiegel der 1950er-Jahre ein Denkmal gesetzt – mit einer Sammlung von Exemplaren unterschiedlichster Couleur, die mit ausgewählten Objekten inszeniert wurde.

Oben rechts Kunstvoll gerahmte Spiegel zu beiden Seiten des schmalen Korridors vervielfachen die Illustration à la Beardsley, mit der die Türpaneele bemalt sind.

WANDKUNST Mit Wandkunst ist weit mehr als nur das gerahmte Bild über dem Sofa gemeint. Dazu zählt vielmehr alles, was man an einer Wand aufhängen kann – und das darf gerne auch etwas Ungewöhnliches wie eine Sammlung von Vintage-Kleidern und -Handtaschen sein. Bei der Zusammenstellung sollte man (wie bei jedem Aspekt eines wie auch immer gearteten Interiors) darauf achten, dass die Objekte zueinanderpassen und durchdacht arrangiert sind. Und natürlich sollte alles so gehängt werden, dass sowohl die Wandkunst als auch der Raum optimal zur Geltung kommen. Ein großformatiges oder auffälliges Bild wirkt meist am besten in einer relativ isolierten Position, weil es dann sozusagen genug Raum zum Atmen hat. Bilder mit einem gemeinsamen Thema oder aus einem bestimmten Genre – also beispielsweise Porträtfotografien oder Schwarz-Weiß-Drucke – sehen oft besser aus, wenn sie als Gruppe oder zumindest in räumlicher Nähe zueinander gehängt werden. Kleine Bilder kann man ganz ohne einen gemeinsamen Nenner als charmanten Mix von Formen und Farben inszenieren. Auch hier gilt die Regel, dass man immer das Gesamtbild des Raumes im Auge haben sollte, damit die zusammengetragenen Objekte nicht willkürlich zusammengewürfelt wirken.

Gegenüber (im Uhrzeigersinn von links oben) Die Kollage »Rolling Stones VI« von Raymond Harris wird von der Bibibibi Leuchte von Ingo Maurer akzentuiert. / Über dem Ledersofa von Borge Morgensen, das die klassische Linienführung des 20. Jahrhunderts zeigt, hängt eine Sammlung aus Fotos und Drucken, die durch ihr gemeinsames Schwarz-Weiß-Thema harmonieren. / Die bunte Mischung aus afrikanischen Skulpturen, Architekturmodellen aus Zink und niedrig gehängten Bildern bildet trotz ihrer Gegensätzlichkeit eine Einheit.
Rechts Die kraftvolle Arbeit von Pierre Dmitrienko behauptet an der Stuckwand aus dem 19. Jahrhundert selbstbewusst ihren Platz.

Oben links Mit dem Rücken zu einem goldgerahmten Spiegel beobachten zwei ausgestopfte Papageien vom Kaminsims aus das Geschehen im Raum.
Oben rechts Eine alte Schautafel bildet die Kulisse für eine Gipsbüste der schwedischen Königin Hedwig Eleonora und eine kleine Sammlung ausgewählter Porzellanteile.

KUNSTGEGENSTÄNDE In den 1950er-Jahren waren künstlerische Keramik- und Glasarbeiten ausgesprochen beliebt. Gestalter aus Europa und den USA produzierten eine riesige Palette verschiedenster Objekte, die der Mode und den Interessen der Zeit Tribut zollten. Wie Kunstobjekte anderer Epochen können auch die Kunstgegenstände dieser Zeit durchaus als Einzelelemente stehen – vorausgesetzt natürlich, dass sie visuell und konzeptionell wirklich aussagekräftig sind. Ansonsten sollte man sie mit anderen interessanten Objekten kombinieren, die nicht notwendigerweise aus derselben Stilrichtung oder Epoche stammen müssen. Allerdings sollte das Arrangement immer so gestaltet sein, dass es den Blick auf sich

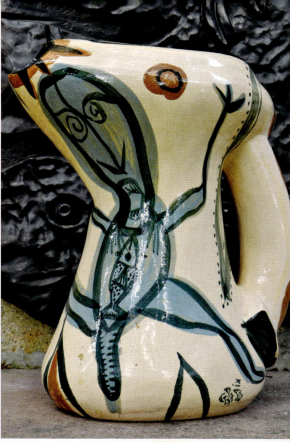

Oben Zu der bunten Sammlung von Retro-Keramiken gehören Entwürfe aus den Werkstätten Vallauris, Capron und Baudart.
Oben rechts Der irdene Krug ist ein zeitgenössischer Entwurf von Gérard Drouillet, der allerdings stark von den Keramikkünstlern der 1950er-Jahre beeinflusst ist.
Rechts Die Sirenenvase aus den 1950er-Jahren wird von einem dreidimensionalen roten Komma in den Fokus gerückt. Der Druck unter dem Regal stammt von Claire Lavallée.

zieht und die künstlerischen Qualitäten jedes einzelnen Teils in Szene setzt. Wichtig ist dabei, sowohl den richtigen Untergrund als auch den richtigen Hintergrund für die Inszenierung zu finden, da ansonsten jedes auch noch so schöne Stück mangels Fokus leider nur dahinvegetiert. Größere Kunstgegenstände können als Einzelobjekte frei im Raum stehen, alle anderen sehen mit einer passenden Kulisse eindeutig besser aus. Eine sichere Wahl ist der Kaminsims, auf der Sammelstücke schon immer gerne präsentiert wurden. In Ermangelung eines solchen tut es aber auch eine simple Wand.

DEKO-OBJEKTE 173

Retro-Stil in jedem Raum

Unten links *Dieses zeitgemäße Zimmer inszeniert die Evolution guten Geschmacks. Eines der ältesten Stücke ist ein DAR-Stuhl mit Armlehnen, den Charles Eames in den frühen 1950er-Jahren entworfen hat.*
Unten Mitte *Retro-Stil funktioniert sogar in einer Berghütte: Durch die dicken Schaffelle bekommen die klassischen Tolix-Metallstühle einen gemütlich-rustikalen Look.*
Unten rechts *Die besten Entwürfe des 20. Jahrhunderts waren extrem flexibel. Hier wurde ein klassischer Eames Chair als stilvoller Sitz für einen Schminkplatz eingesetzt.*
Gegenüber *Auf dem gekalkten Eichenparkett kommen die Retro-Stühle aus den 1960er-Jahren besonders gut zur Geltung. Dazu wurde ein betont schlichter Tisch kombiniert: »Pixels de Mer« von Christian Nesler und das Stillleben von Kevin Best komplettieren das Interior.*

DER BESONDERE Reiz des Retro-Stils liegt darin, dass er das Design des gesamten 20. Jahrhunderts umspannt und entsprechend viele Spielarten in allen erdenklichen Materialien, Formen und Farben bietet – von den fast schon erhabenen Entwürfen früher Meister wie Le Corbusier, Charles und Ray Eames oder Alvar Aalto bis zu den poppigen Designexplosionen der 1970er-Jahre.

Zu Beginn des 20. Jahrhunderts wurde mit dem aufkommenden Modernismus die klassische Raumaufteilung in verschiedene Zimmer mit klar zugewiesenen Funktionen von einem offeneren Konzept abgelöst. Die Möbel, die in dieser Zeit entstanden, sind exakt auf diese neue Art des Wohnens abgestimmt. Sie sind wandlungsfähig und können in verschiedenen Bereichen eingesetzt werden, sie sind komfortabel und last, but not least, ausgesprochen praktisch – nicht umsonst waren Form und Funktion die Schlüsselbegriffe dieser Generation von Design.

Die Retro-Entwürfe, von denen heute noch erfreulich viele in Umlauf sind, bieten ein breites Spektrum an Einsatzmöglichkeiten, das selbst vor der Badezimmertür nicht endet. Es bedarf aber, wie bereits mehrfach erwähnt, einer sorgfältigen Planung, wenn man Objekte dieser Periode nahtlos in ein Einrichtungskonzept integrieren möchte. Das Credo »Weniger ist mehr« von Mies van der Rohe, einem der Ausnahmegestalter des 20. Jahrhunderts, bezog sich zwar eher auf die Architektur. Allerdings sollte man sich auch bei der Ausstattung einer Wohnung Gedanken machen, wie viele oder wenige Retro-Objekte sie vertragen kann.

Und genau hier kommt dieses Buch ins Spiel. Die vorgestellten Räume liefern Anleitung und Inspiration, wie man – durch kluges Platzieren und intelligentes Gruppieren – aus einem Mix von Retro-Stücken und modernen Elementen ein stimmiges und spannungsreiches Ambiente schaffen kann.

Rechts Das Wichtigste im Wohnzimmer sind Möbel zum Sitzen. In diesem stehen die verschiedensten Modelle einträchtig auf dem Eichenboden zusammen – vom Bertoia-Stuhl aus Drahtgeflecht bis zum kegelförmigen Rattansessel, vom Stuhl aus Formkunststoff bis zu einem frühen Entwurf von Marcel Breuer mit gewebtem Sitz.

Wohnzimmer

Der Raum, in dem Retro-Objekte zweifellos am besten wirken, ist das Wohnzimmer. Dabei sollte man aber immer bedenken, dass dieser Raum – anders als beispielsweise in den 1950er-Jahren, als monofunktionale Räume an der Tagesordnung waren – zu sehr viel mehr als nur zum Wohnen genutzt wird.

Ursprünglich war das Wohnzimmer ein formelles Empfangszimmer, das in erster Linie repräsentativen Zwecken diente – also weit entfernt war von dem zwanglosen Ambiente, das man aktuell bevorzugt. Danach wurde es zu einer Art Freizeitraum, in dem man vorzugsweise im Sitzen ruhigen Beschäftigungen nachging. Das Wohnzimmer von heute ist ein oft größerer Raum, der zum Entspannen, Unterhalten, Arbeiten, Lesen und nicht zuletzt als eine Art Medienraum dient. Er hat also keinen bestimmten Zweck, sondern wird flexibel für alles genutzt, was seinen Besitzer interessiert.

Wie sehr sich das Wohnzimmer auch im Laufe der Zeit geändert haben mag, die unerschütterlichen Grundregeln guter Innengestaltung gelten noch heute: Proportion und Ausgewogenheit sind genauso wichtig wie sie es immer schon waren – und zwar seit dem Tag, als der Mensch zum ersten Mal darüber nachdachte, wie man aus einem zweckdienlichen Raum ein Ambiente machen kann, das nicht nur gut aussieht, sondern sich auch gut anfühlt.

Vor der industriellen Revolution und der dadurch eingeläuteten Massenproduktion wurden Möbel auf Bestellung gefertigt, meist von einem Schreiner oder über einen Architekten. Deren Aufgabe war es, nicht nur den Status des Besitzers angemessen zu reflektieren, sondern auch seinen erlesenen Geschmack (der sich in der Wahl oder zumindest dem Abnicken einer bestimmten Stilrich-

WOHNZIMMER

Gegenüber Über das moderne Sofa ist ein gefärbtes Vintage-Laken drapiert. Die offenen Stuhlsessel sind ein Designklassiker aus dem 20. Jahrhundert.

Rechts Die Vintage-Möbel stammen aus verschiedenen Epochen, zeigen aber ganz ähnliche Farben und Texturen. Gekalkte Wandpaneele und ein gestrichener Dielenboden setzen einen ruhigen Grundton, durch den der ungewöhnliche Satztisch, der markante Sessel und die Leuchte von Gras schön zur Geltung kommen.

tung manifestierte). Um das zu erreichen, brauchten die Designer ein besonderes Gespür für die harmonische Kombination aus Gesamtform und Detailgestaltung.

Ohne dieses Gespür kann keine gute Einrichtung gelingen. Sicher kennt jeder das undefinierbare Gefühl von Unbehagen, das einen in manchen Räumen überkommt. Der Grund dafür, dass sich alles leicht schräg und ungemütlich anfühlt, liegt meist darin, dass der Raum einfach unausgeglichen und falsch proportioniert ist. Dabei geht es nicht darum, dass alles perfekt aufeinander abgestimmt ist, sondern darum, dass alles zueinander passt. Gerade im Wohnzimmer ist die Wahl der richtigen Möbel und Accessoires von entscheidender Bedeutung. Besonders gut funktioniert ein Einrichtungskonzept, wenn man Objekte verschiedener Stile und Epochen einbindet. So bekommt das Wohnzimmer einen unverwechselbaren Charakter und wird zu einem Raum, in dem man sich gerne aufhält.

Möbel und Leuchten aus der Mitte des 20. Jahrhunderts harmonieren deshalb so gut mit allen anderen Stilen, weil sie nach funktionalen Gesichtspunkten entworfen wurden. Die 1919 gegründete Bauhaus-Schule war einer der Motoren der modernistischen Bewegung, die in dieser Zeit aktiv war. Die von ihr entwickelten Ideen und Prinzipien waren der Versuch, den neu entwickelten Materialien und Techniken gerecht zu werden, aber auch ästhetische Möbel zu entwerfen, die günstig in Serie produziert werden konnten. Die Zeit des Umbruchs, die nach dem Ersten

Rechts Das hohe Gartenzimmer dieses Hauses in Tunis wird als Bibliothek und Wohnzimmer genutzt. Durch die traditionellen Fliesen, deren Muster vom Teppich aufgegriffen wird, wirkt es frisch und klar. Das Sofa in Leder und Eiche vor dem Regal ist von Hugues Chevalier, die modernen Stühle könnten auch aus den 1950er-Jahren stammen. Konsole und Beistelltisch sind aus lackiertem Metall.
Unten Am entgegengesetzten Ende des Raums ist das Regal um die Tür gebaut. Vor dem Fernseher steht ein Ledersessel von Habitat im Fifites-Look. Die amphorenförmige Kunstharzleuchte stammt von Christophe Pillet.

Links In diesem Raum wurden die verschiedensten Stile hemmungslos und sehr effektvoll gemixt. Die beiden schlichten Sofas mit Bezügen aus schwerer Baumwolle sind ein reizvolles Pendant zu dem verschnörkelten Daybed mit seinem schlittenförmigen Eisengestell. Bei dem niedrigen Couchtisch wurden alte Dachbalken mit einer Glasplatte kombiniert. Einen extravaganten Akzent setzt die Vintage-Garderobe in der Ecke.

Weltkrieg einsetzte, gab Designern und Architekten die künstlerische Freiheit, sich ohne den pflichtschuldigen Blick zurück von konventionellen Konzepten zu lösen und Produkte für die Zukunft zu entwickeln.

Einige der frühen Entwürfe – insbesondere die Paradestücke der großen Meister – sehen am besten aus, wenn sie alleine für sich im Rampenlicht stehen. Die meisten Retro-Stücke brauchen aber gar nicht so viel Raum, sondern funktionieren besser in der Gruppe – also sozusagen als Teamplayer, die andere Objekte aus den verschiedensten Epochen und Stilen in ihrer Wirkung unterstützen. Viele von ihnen haben organische Formen, die sich besonders harmonisch an ihre Umgebung anpassen und konventioneller angelegte Entwürfe mit geometrischer Linienführung perfekt ergänzen.

Der Trick beim Mixen verschieden gearteter Möbel und Accessoires liegt darin, zunächst auf die Form und dann auf die Proportionen zu schauen. Wenn man beides richtig aufeinander abstimmt, entsteht ein homogener und ansprechender Look. Mit Entwürfen aus dem 20. Jahrhundert ist das relativ leicht, weil sie zwei wichtige Eigenschaften mitbringen, die im Interiordesign entscheidend sind: Flexibilität und eine natürliche Leichtigkeit.

Links Ein Raum voller Farben und Kontraste: Ein spannendes Duo bilden der gelbe Eames Chair und der bunte Mosaikteppich. Der runde Tisch und der dazugehörige Stuhl sind von Warren Platner, das Stuhlpolster und die Vorhänge aus Madras-Seide von Designers Guild. Die hohe Teakkommode neben dem Fenster ist ein dänisches Design aus den 1950ern. Aus der gleichen Zeit stammt die Bodenleuchte mit den bunten Tütenschirmen.
Gegenüber Die Leinenkissen auf dem breiten terrakottafarbenen Sofa im Napoleon-III-Stil greifen die Farben der Fotografie von Susan Wides auf. Der runde Beistelltisch stammt aus den 1950er-Jahren, der Vintage-Lederstuhl ist ein Flohmarktfund.

Diese Seite Dieses großzügige Wohnzimmer war einmal ein Ballsaal. Der Mix aus Retro- und modernen Möbeln macht sich hervorragend zu den Stuckelementen aus dem 19. Jahrhundert. Zu den Lederstühlen mit Knopfpolster, die Patricia Urquiola für Moroso entworfen hat, wurde eine Sitzlandschaft in Wildleder kombiniert. Den Retro-Part übernehmen unter anderem zwei blau gepolsterte Armstühle und ein Wandobjekt aus kleinen konvexen Spiegeln vom Flohmarkt.

Links Der große Kamin in diesem offenen Wohnraum hat ein aufwändiges Finish aus Tadelakt, einem traditionell marokkanischen Kalkputz. Marokkanisch sind auch der Flickenteppich und der weiße Leder-Pouf. Das abgerundete Ledersofa stammt aus den 1970er-Jahren, der Tisch mit den Metallbeinen ist rund zwanzig Jahre jünger.

Unten In diesem südafrikanischen Haus wurde das lichtdurchflutete Zimmer mit Meerblick in einem grafischen Mix aus Farben und Stilen möbliert. Viele Objekte stammen aus Auktionshäusern und Antiquitätenläden vor Ort. Die Sitzecke wird von einem strahlend weißen Sofa, neu bezogenen Lehnstühlen aus den 1950ern und einem runden Vintage-Tisch aus Rattan und Glas gebildet.

Gegenüber Das luftige Wohnzimmer des alten tunesischen Palasts kultiviert einen eklektischen Stil. Wegen der aufwändig gestalteten Wände und Decken wurden schlichte Formen und ruhige Farben gewählt. Die Fifites-Sitzgruppe hat ein Gestell aus lackierter Birke und wurde mit einem wolligen Stoff gepolstert.

Rechts Was in diesem Landhaus mit seinen unverputzten Steinwänden und geweißten Balken wie ein formales Speisezimmer aussieht, ist Teil einer großen Küche mit offen gestalteter Trennwand. Den Fokus des Essbereichs bildet ein Tisch aus alten Bohlen, darum ist ein Satz Tulip Chairs gruppiert. Die schlanken Stühle, die Eero Saarinen 1956 entworfen hat, gehören zu den leuchtendsten Stilikonen des 20. Jahrhunderts.

Esszimmer

In mancherlei Hinsicht ist das Esszimmer als solches schon lange überholt. Jeder kennt es, aber kaum eine Wohnung hat noch eines. Seine Blütezeit dauerte von der Mitte des 19. bis zur Mitte des 20. Jahrhunderts. Davor gab es nur in wenigen großen Häusern zur Einnahme von Speisen eigens bestimmte Räume mit entsprechender Möblierung. Selbst im 18. Jahrhundert waren Tische normalerweise so konzipiert, dass sie leicht transportiert und umgebaut werden konnten. Dadurch ließen sie sich je nach Art der Mahlzeit in verschiedenen Räumen einsetzen. Im 19. Jahrhundert und besonders in der Zeit ab 1837, als Queen Victoria den Thron bestieg, gewann bei der Mittelschicht die Familie zunehmend an Bedeutung. Es entstand ein wahrer Kult um vollendete Häuslichkeit, die einherging mit einem immer ausgeprägteren Standesdünkel. Außerdem kam es in Mode, für jede private Aktivität – vom Rauchen bis zum Lesen – einen eigenen Raum zu unterhalten. Beides zusammen führte dazu, dass man auch separate Speisezimmer einrichtete – also einen mehr oder weniger formalen Raum, in dem man die täglichen Mahlzeiten im Kreise der Familie einnahm.

Diese Gepflogenheit wurde bis in die Mitte des 20. Jahrhunderts beibehalten. Zu dieser Zeit hatte sich durch die beiden Weltkriege, die veränderten Rollenverhältnisse von Mann und Frau und durch den Mangel an Hauspersonal die häusliche Situation stark verändert. Viele hielten zwar weiterhin an dem Esszimmer als Einrichtung fest, nutzen es aber nur noch für das sonntägliche Essen mit der Familie und zu besonderen Gelegenheiten.

Generell führten die jetzt kleiner gebauten Häuser und die zwanglosere Art zu leben aber dazu, dass sich die alten Strukturen auflösten. In den vergangenen

Gegenüber In diesem Keller hat der Mangel an Licht auch seine Vorteile: So wirken die verwitterten Oberflächen der Bierzeltgarnitur ausgesprochen charmant. Eine ähnliche Optik zeigt auch der alte Schrank mit seiner facettenreichen Patina. Abgerundet wird der Look durch die gewischten blauen Wände und den Terrakottaboden mit den deutlich erkennbaren Gebrauchsspuren.

Rechts Die charmante Essecke ist alles andere als bunt zusammengewürfelt. Die Proportionen der Sitzgelegenheiten – eine Holzbank mit hohen Lehnen, ein traditioneller Metallstuhl mit herzförmigem Rücken, ein klassischer Gartenstuhl und ein Rattanhocker – sind perfekt auf den kleinen Tisch abgestimmt.

Unten rechts In diesem Essraum im Keller umringen zwei gegensätzliche Vintage-Stuhlpaare einen alten Metalltisch. Für zeitgenössische Akzente sorgen die niedrig gehängte Metallleuchte und ein großformatiges Ölbild in Rot.

Jahrzehnten haben wir erlebt, wie man die Frage »wo sollen wir essen« auf verschiedene und mitunter recht einfache Weise lösen kann.

Manche Wohnungen haben noch immer ein separates Esszimmer, das nach wie vor ein abgeschlossener Raum mit einem Tisch in der Mitte ist. Allerdings wird das Ganze mit Blumen und Objekten nun weit einladender und offener gestaltet. Häufig wird das Zimmer nicht nur zum Essen, sondern auch als Büro oder Bibliothek genutzt. Die meisten Wohnungen haben aber statt eines Esszimmers eine Essecke – also einen abgegrenzten Bereich, der Teil eines größeren Wohnraums und dementsprechend eingerichtet ist. Dabei kommen oft multifunktionale Tische und Stühle zum Einsatz, die auch für andere Zwecke genutzt werden können. Eine weitere Variante, die viele am komfortabelsten finden, ist eine Wohnküche mit integriertem Essbereich. Durch die ineinander übergehenden Aktionsbereiche entsteht ein offener und kommunikativer Raum, in dem man sich nicht nur zum Kochen und Essen aufhält, sondern auch zum zwanglosen Austausch mit Familie und Freunden.

Mit dem Verschwinden des formellen Esszimmers starben auch die formellen Esszimmermöbel aus. Rechteckige Holztische mit darauf abgestimmten hochlehnigen Stühlen waren wieder passé (was sicher kaum jemand bedauerte, weil das Ganze immer ziemlich aufwändig poliert werden musste). Langsam, aber sicher entwickelte sich ein ganz anderer Geschmack: interessante Texturen, Oberflächen und Farben, spannende Formen und Materialien und vorzugsweise ein bunter Mix

Diese Seite Die Ikea-Küchenzeile, die sich über zwei Wände erstreckt, ist in mattem Schwarz lackiert. Der große Esstisch stammt aus einem französischen Château des 19. Jahrhunderts. Um ihn herum steht ein Sammelsurium von Stühlen unterschiedlichster Herkunft, aber gleicher Höhe.

Gegenüber Die verglasten Türen führen in ein Esszimmer mit Blick in den Garten. Einer von vielen Eyecatchern ist ein gelber Vintage-Stuhl von Tolix.
Links Eine Stufe unter dem Sitzbereich ist eine Essecke angelegt. Der Metalltisch – Big Irony von Maurizio Peregalli – wird von einer bunten Stuhlsammlung umringt, zu der neben den bunten Stühlen von Riccardo Blumer auch zwei Exemplare von Philippe Starcks Louis Ghost aus transparentem Plexiglas gehören.

Unten Der Essbereich im gemäßigten Industrial-Stil bekommt durch klassische Stühle in Primärfarben einen heiteren und sympathischen Look.

aus verschiedenen Stilen, die durch ihr Zusammenspiel ein außergewöhnliches Menü ergaben.

Bei der neuen Generation von Esszimmermöbeln griffen modernistische Designer und Architekten gerne auf Materialien wie Kunstharz, Formkunststoff, Fiberglas und Metall zurück. Mit ihnen ließen sich strapazierfähige Tische und Stühle konstruieren, die leicht genug waren, um sie problemlos umzustellen – ein wichtiger Faktor gerade für Räume, die zur flexiblen Nutzung gedacht sind.

Bei der Farbgestaltung war die Bandbreite im Gegensatz zu früher enorm groß. Gerade Stühle aus geformtem oder gespritztem Kunststoff wurden nicht nur in klassischem Schwarz oder Weiß, sondern in zahlreichen leuchtenden Tönen produziert – perfekt, um nach Lust und Laune Farbe in einen ansonsten neutral gehaltenen Raum zu bringen. Was die Formensprache anging, legte man Wert auf einen ausgeprägten Charakter. Egal, ob kurvig oder geradlinig,

Diese Seite In dem L-förmigen Raum ist der Essbereich so angelegt, dass er an die Terrasse grenzt. Als Tisch wurde ein schlichtes Modell von Capron gewählt, das von sechs Stühlen begleitet wird. Die Farben der Kunstlederpolster sind sorgfältig auf die Palette des Wohnraums abgestimmt.

Gegenüber Der kleine Essbereich des Wohnraums wird von einem Regal mit gekreuzten Streben definiert, das als Ausstellungsfläche genutzt wird. Der Klauenfußtisch stammt aus dem 19. Jahrhundert und wird von einer Sammlung von Silberglaskugeln gekrönt. Die Stühle mit den elegant abgewinkelten Beinen sind ein Entwurf aus den 1950er-Jahren.

schlank oder massig – die Linienführung war immer ausgesprochen interessant. Die Palette reichte von höchst eigenwilligen Entwürfen bis zu Objekten, die sich durch höchste Eleganz auszeichneten.

Alles in allem entwickelten die Designer des 20. Jahrhunderts eine Fülle ebenso praktischer wie formschöner Entwürfe, die durch ihren Facettenreichtum die perfekte Basis für harmonische Esszimmerkombinationen bilden.

Oben Der runde Erker bildet den perfekten Rahmen für den Knoll-Tisch von Eero Saarinen und die Stühle von Warren Platner aus den 1960er-Jahren. Aus der gleichen Zeit stammt auch der elegante Lüster, den sein Besitzer in einem deutschen Theater entdeckt hat.
Oben rechts Der Zinktisch mit den säulenartigen Holzbeinen bildet einen starken Kontrast zu den zierlichen weißen Stühlen von Paola Navone. Die Decke des Raums wurde mit Schilfmatten verkleidet.

Gegenüber Wie alle Räume im Marmouget-Ferienhaus wurde auch das Esszimmer originalgetreu restauriert und mit zeitgenössischen Möbeln eingerichtet. Imposanter Blickfang ist der offene Kamin mit seinem tütenförmigen Rauchfang.

Im Uhrzeigersinn von links oben Klassische französische Gartenmöbel aus Metall sehen überall gut aus, vor allem, wenn sie in leuchtenden Kontrastfarben gestrichen sind. / Mit den leichten Sitzen aus Formkunststoff kann man in dem marokkanischen Innenhof ohne viel Kraftaufwand dem Schatten folgen. / Durch ihre bunten Kunststoffschnüre sehen die Acapulco Chairs, die auf der Terrasse eines provenzalischen Landhauses stehen, wie ein abstrakter Blumenstrauß aus. / Der bogenförmige Eingang der alten Scheune wurde mit Glastüren versehen. Die alten Klappstühle und Tische aus Metall passen hervorragend zu dem grob gepflasterten Boden.

LEBEN IM FREIEN

Wenn es warm und sonnig ist, möchte man so viel Zeit wie möglich außerhalb der Wohnung verbringen – sei es auf einem Balkon, einer Terrasse oder einfach auf einem Fleckchen Gras. Dabei braucht das grüne Zimmer nicht unbedingt einen gepflasterten Boden oder eine schattige Pergola. Das Wichtigste ist, dass es komfortabel und einladend ist – schließlich möchte man dort in aller Ruhe essen, plaudern oder einfach nur ausspannen. Weil aus einem gemütlichen Abend zu zweit schnell eine kleine Party wird, kann man nie genug Tische und Stühle für unerwartete Gäste haben. Zum Glück sind Outdoor-Räume perfekt, um interessante und ungewöhnliche Möbel zur Schau zu stellen. Dort findet auch das ausgefallenste Stück seinen Platz – und natürlich der eine oder andere Klapptisch oder -stuhl, der bei Bedarf schnell aufgestellt werden kann.

Im Freien können Vintage-Einzelstücke, schräge Flohmarktfunde, denen man nicht widerstehen konnte, und auch natürlich moderne Objekte richtig strahlen. Als Naturmaterial ist Holz natürlich bestens für Outdoor-Möbel geeignet – genau wie Metall, aus dem im 19. und 20. Jahrhundert schmiedeeiserne Gartenstühle mit runden Tischen gefertigt wurden. Und dann gibt es natürlich noch Kunststoff, der im Design des 20. Jahrhunderts in allen erdenklichen Varianten eingesetzt wurde und für den Einsatz im Freien geradezu prädestiniert ist. Die Palette reicht von Glasfaser über Formkunststoff bis zum Plastikbezug und von pflegeleicht robust bis absolut unkaputtbar. Und weil Möbel aus Kunststoff nicht nur sehr bequem, sondern auch sehr farbenfroh sein können, kommt so ganz nebenbei ein bisschen Urlaubsstimmung auf.

Oben Ein Teil dieses Stadtgartens wurde als Sonnendeck mit angrenzender Laube angelegt. Die weißen Adirondack-Vintage-Stühle laden zum Ausspannen ein.
Ganz links Im Wintergarten des provenzalischen Landhauses ist der alte Tisch mit einem Vintage-Überwurf gedeckt. Die restaurierten Thonet-Stühle wurden pastellgrün gestrichen. Der Metallleuchter an der Decke trägt eine frische Blättergirlande.
Links Hier in der Provence trifft man sich zum Lunch traditionell unter der mit Glyzinien und Wein bewachsenen Pergola. Um den grob gezimmerten Tisch warten Vintage-Gartenstühle auf hungrige Gäste.

Schlafzimmer

Historisch betrachtet entstand das Schlafzimmer aus dem wachsenden Wunsch der Menschen nach ein wenig Privatsphäre. Im Laufe der Zeit wurde es zu einem Ort des Rückzugs und der Entspannung, der von dem geschäftigeren oder zumindest lebhafteren Rest der Wohnung räumlich getrennt ist.

Bei unseren Vorfahren galt das Bett als eines der wichtigsten Möbelstücke im Haus und wurde in Inventarlisten und Testamenten eigens aufgeführt. Es war groß, imposant, nicht selten mit kostbaren Stoffen verkleidet und auf keinen Fall zu übersehen. Das hat sich bis heute nicht geändert, und egal wie groß das Schlafzimmer auch sein mag: Es wird immer vom Bett dominiert. Die zentrale Aufgabe beim Einrichten ist es, diesen Eindruck zu relativieren und das Schlafzimmer zu einem Raum zu machen, der zu mehr als nur zum Schlafen dient.

Am besten funktioniert ein Schlafzimmer, das eine gewisse Leichtigkeit und Heiterkeit ausstrahlt und etwas von einem Wohnzimmer hat. Die Boudoirs des 18. und 19. Jahrhunderts waren komfortable und gut ausgestattete Räume, die von ihren Besitzern als intime Salons genutzt wurden. In modernen Schlafzimmern sollte man darauf achten, dass das Bett samt Betthaupt – falls es denn eines gibt – harmonisch auf den Rest des Raumes abgestimmt ist, und dass dieser Rest

Gegenüber Das Schlafzimmer ist ein bunter Mix verschiedenster Stilelemente, die von einem afrikanischen Stuhl bis zur Fifties-Ikone Sonnenspiegel reichen. Verbindendes Element sind die weißen Wände und die transparenten Vorhänge, die auf einer schlanken Stange drapiert wurden.

Diese Seite Räume mit Dachschrägen sind immer schwer einzurichten. Hier wurde das Problem gelöst, indem eine der Stirnseiten mit breiten Farbstreifen in eine Art wandfüllendes Betthaupt verwandelt wurde. Die Palette in Rot, Weiß und Schwarz setzt sich in der Bettwäsche, den Teppichen und sogar dem S-Chair von Verner Panton fort.

Links Ein alter Türrahmen von einer Baustelle wurde grau lackiert und als Betthaupt eingesetzt. Harmonische Ergänzung sind die breit gestreiften Wände und die farblich abgestimmte Bettwäsche.
Unten links Die niedrig gehängten Vintage-Metallleuchten heben sich plastisch von den strahlend weißen Wänden ab.

Unten Das schlicht eingerichtete Schlafzimmer mit polierten Dielen kommt mit wenigen ausgewählten Möbeln aus. Zum Polsterbett wurden ein antiker Nachttisch, ein Landhausstuhl mit breitem Sitz und zwei praktische Stehleuchten aus Metall kombiniert. Direkt hinter der Säule liegt das puristische Bad.

des Raumes nur aus Objekten besteht, mit denen man wirklich gerne wohnt.

Wer mag, kann einen schlanken Schreibtisch, einen bequemen Stuhl oder sogar ein kleines Sofa aufstellen. Ansonsten sollte unbedingt genug Platz für Bücher und andere Kleinigkeiten vorgesehen werden. Schließlich ist das Schlafzimmer ein privater Raum, in dem man sich gerne mit persönlichen Dingen umgibt. Auch hier kann man alles Mögliche miteinander kombinieren, solange das Verhältnis – das Maß aller Dinge einer jeden guten Raumplanung – ausgewogen ist. Die Dekoration kann gerne bunt, verspielt, ja sogar frivol sein (ein Wort, das den Charakter vieler Retro-Entwürfe übrigens sehr treffend beschreibt). Keramiken, Glasobjekte und Leuchten aus dem 20. Jahrhundert waren vom Konzept her oft extrem dekorativ und ungewöhnlich, was individuellen Vorlieben natürlich sehr entgegenkommt. Im Schlafzimmer darf man diese bunten Objekte großzügig einsetzen, weil das – wie bereits erwähnt – genau der richtige Ort dafür ist.

Gegenüber *Das Schlafzimmer des tunesischen Hauses besticht durch sein opulentes Dekor, das von traditionellen Wandfliesen und einer aufwändigen Deckenbemalung bestimmt wird. Das dominierende Gelb wiederholt sich auch in der eher schlichten Möblierung – den Teppichen, den Stühlen und sogar in dem Selbstporträt von David Bowie.*

Rechts *Ein weiteres Musterbeispiel an Eklektizismus: Über dem weiß gestrichenen barocken Bett thront ein mit Pfauenfedern verzierter Hexenspiegel, vor dem Bett ein Vintage-Stuhl mit verschnörkelten Metallbeinen. Die Figur an der Tür flirtet mit den Holzsoldaten der Deckenleuchte. Und über allem stahlen goldene Sterne vor einem mitternachtsblauen Himmel.*

SCHLAFZIMMER

Links Blassgraue Rosen an der Wand, eine antike schwedische Standuhr, gestreifte Bettwäsche und schwarz-weiße Seidenvorhänge ergeben ein Retro-Schlafzimmer, in dem fast alles brandneu ist.
Gegenüber In dem Schlafzimmer, das zu einem Haus aus den 1950er-Jahren gehört, geben zitronengelbe Wände den Ton an. Das Regalelement des Einbauschranks verschwindet hinter einer Rolltür. Die Tagesdecken sind aus original Fifties-Stoff genäht.

Badezimmer

In der Welt der Badezimmer hat sich in den vergangenen fünfzig Jahren so einiges verändert. Die meisten würden zustimmen, dass das moderne Bad viel praktischer ist als die alte Variante. Ob es ästhetischer geworden ist, hängt ganz vom persönlichen Geschmack ab. Ähnliches gilt für den Aspekt des Komforts, worunter verschiedene Menschen bekanntlich ganz unterschiedliche Dinge verstehen. Allgemein scheint es aber so, dass ein Zuviel an technischer Raffinesse ein Bad schnell zu clean erscheinen lässt. Bei der Jagd nach dem neuesten Regenduschkopf, der besten Massagedüse, dem innovativsten Nullhandregler oder dem wasserfestesten Fernseher kommt wohl irgendwie die Persönlichkeit abhanden. Viele Badezimmer sind – von der Technik einmal abgesehen – ziemlich langweilig und gesichtslos. Ihnen würde definitiv ein wenig Make-up guttun.

Wer mag, kann es mit einem alten Waschbecken oder einer Vintage-Wanne versuchen, die man mit etwas Glück bei eBay oder in den Kleinanzeigen der Zeitung findet. Sie haben meist viel mehr Charakter als ihre modernen Pendants und geben dem Bad ein ganz eigenes Gesicht.

Oben In diesem Bad wurde Industrial-Chic gekonnt mit femininen Elementen gepaart. So bilden die Kommode, die als Waschtisch umfunktioniert wurde, der zarte Tropfenlüster und die restaurierten Zementfliesen ein elegantes Ensemble.
Oben rechts Das ultramoderne Bad ist in cleanem Weiß und blitzendem Chrom gehalten. Der alte Vitrinenschrank und die Vintage-Glasleuchten geben ihm eine weiche Note.

Gegenüber Prunkstück dieses Bads ist der venezianische Spiegel aus dem 18. Jahrhundert, der von zwei modernen Leuchten gerahmt wird. Das große Standwaschbecken stammt aus den 1960er-Jahren. Ein praktischer Helfer ist der alte Werkstatthocker aus Metall. Statt den Estrichboden zu fliesen, wurde er sorgfältig poliert.

Links Die Zellige-Fliesen aus Ton und farbigem Glas erinnern an die Oberfläche eines tiefgründigen Ozeans. Für noch mehr Glamour sorgt der venezianische Spiegel, der von einem Kollegen mit Strahlenkranz unterstützt wird.
Unten Sogar das Toilettenpapier gibt es in sonnigem Orange, der wohl typischsten Farbe der Sixties. Als beruhigendes Element dient der schwarz-weiße Glasmosaikboden von Bisazza.

Auch ein gemütlicher Platz zum Sitzen kann wahre Wunder bewirken. Alte Polsterstühle machen sich in jedem Bad gut und verwandeln den Raum in einen entspannten Rückzugsort. Wenn für einen Stuhl kein Platz ist, tut es auch ein schöner Hocker. Der sieht nicht nur gut aus, sondern leistet auch als Ablage für Kleidung oder Lektüre hervorragende Dienste.

Jedes Bad braucht mindestens einen großen und auffälligen Spiegel. Noch besser sind gleich mehrere – je mehr, desto besser. Perfekt ist eine Kollektion von Modellen in verschiedenen Größen und Formen. Außerdem sind Bilder eine gute Idee, denn sie bringen immer Farbe und Persönlichkeit ins Spiel. Die modernen Lüftungsanlagen sind so effizient, dass man getrost auch das eine oder andere Original aufhängen kann. Ansonsten darf man auch hier mit allen Arten von Retro-Objekten mutig experimentieren – Sie werden überrascht sein, was man mit ein paar Accessoires aus einem nüchternen Bad machen kann!

Gegenüber links Klare Linien und puristische Badobjekte geben den idealen Hintergrund für den Vintage-Stuhl aus den 1950er-Jahren ab.
Gegenüber rechts Dieses Bad zeigt einen reizvollen Mix aus rustikalen und industriell geprägten Retro-Elementen. In der Metallkommode, die farblich mit dem grauen Steinwaschbecken korrespondiert, sind Badartikel verstaut.
Rechts Das moderne Waschbecken wird von einem ungewöhnlichen Metallständer getragen, der auf das Meeresgrün der Löwenfußwanne abgestimmt ist.

Links Der Waschtisch ist eigentlich ein alter Metalltisch, der einen lebhaften Kontrast zu dem cleanen Waschbecken bildet. Die Kanten des kleinen Wandregals greifen das Türkis der Fliesen auf.
Unten Bei der Restaurierung dieser Villa aus den 1920er-Jahren wurde das Bad mit Fliesen in femininen Mauvetönen gehalten.
Gegenüber Die Outdoor-Dusche ist mit einem Mix aus Feinstein- und Glasmosaikfliesen in nuancenreichen Blautönen gestaltet.

Bildnachweis und Dank

1 Stephen Clément, Amandine Schira (Styling), Pierre Marmouget (Architektur); 2–3 Jean-Marc Palisse, Alix de Dives (Styling), Christophe Ducharme (Architektur, www.c-ducharme-architecte.com), Jean-Michel Wilmotte (Design, www.wilmotte.com); 4–5 Jean-Marc Palisse, Caroline Clavier (Styling), Lacvivier & Limal (Architektur), Florence Lopez (Design, www.florencelopez.com); 6 Nicolas Millet, Noémi Barré (Styling), Frank Schmidt (Design); 7 Nicolas Millet, Amandine Schira (Styling), Arnaud Lacoste und Jérôme Vinçon (Architektur, www.lode-architecture.com); 8 Nicolas Mathéus, Laurence Dougier (Styling); 9 Nicolas Mathéus, Laurence Dougier (Styling), Antonio Virga (Architektur, www.antoniovirgaarchitecte.com); 10–11 Jean-Marc Palisse, Caroline Clavier (Styling), Étienne Herpin (Architektur), Chiara Monteleone-Travia (Design); 12 links Pierrick Verny, Laurence Botta-Delannoy (Styling), Mark Mertens (Architektur, www.amdesigns.com); 12 Mitte Nicolas Millet, Julie Daurel (Styling), Joseph Hiriart (Architektur); 12 rechts Jean-Marc Palisse, Agnès Benoit (Styling, www.roomshotel.ge); 13 Christophe Dugied, Caroline Mesnil (Styling), Véronique Piedeleu (Design, www.caravane.fr); 14 Jo Pesendorfer, Aurélie des Robert (Styling); 15 links Jean-Marc Palisse, Alix de Dives (Styling), Arnaud Caffort (Design); 15 rechts Nicolas Mathéus, Laurence Dougier (Styling), Antonio Virga (Architektur, www.antoniovirgaarchitecte.com); 16 Frédéric Vasseur, Laurence Dougier (Styling), Catherine Schmit (Design); 17 oben links Jean-Marc Palisse, Alix de Dives (Styling), Mark Homewood (Design, www.designersguild.com); 17 oben rechts Jo Pesendorfer, Aurélie des Robert (Styling); 17 unten rechts Eric d'Hérouville, Marie-Maud Levron (Styling), Christophe Bachmann (Architektur, www.lamaisonpavie.com); 18–21 Jean-Marc Palisse, Alix de Dives (Styling), Arnaud Caffort (Design); 22–25 Jean-Marc Palisse, Caroline Clavier (Styling), Étienne Herpin (Architektur), Chiara Monteleone-Travia (Design); 26–31 Frédéric Vasseur, Laurence Dougier (Styling), Manfred Geserick (Design); 32 Pia van Spaendonck, Marie-Maud Levron (Styling, www.villa-augustus.nl); 33 François du Chatenet, Pascale de la Cochetière (Styling), Anouk Dossin (Design); 34 Albert Font, Françoise Lefébure (Styling), Amelia Molina (Architektur), Anne Dimmers (Design); 35 François du Chatenet, Pascale de la Cochetière (Styling), Anouk Dossin (Design); 36–39 Jean-Marc Palisse, Alix de Dives (Styling), Marion Méchet (Architektur); 40–43 Patrick van Robaeys, Stéphanie Boiteux-Gallard (Styling); 44–45 Patrice Gavand, Julie Daurel (Styling), Karine Laurent (Design); 46 Jean-Marc Palisse, Amandine Schira (Styling), Christophe Ducharme (Architektur, www.c-ducharme-architecte.com); 47 oben Nicolas Mathéus, Laurence Dougier (Styling), Emma Wilson (Design); 47 unten Pierrick Verny, Laurence Botta-Delannoy (Styling), Mark Mertens (Design, www.amdesigns.com); 48–53 Bénédicte Ausset-Drummond, Catherine Cornille (Styling); 54–57 Pierrick Verny, Muriel Gauthier (Styling, www.maison-collongue.com); 58–61 Henri del Olmo, Caroline Guiol (Styling), Karine Striga (Architektur); 62–67 Nicolas Mathéus, Laurence Dougier (Styling), Michel Peraches und Eric Miele (Design); 68 François Goudier, Marie Audhuy (Styling); 68–69 Jean-Marc Palisse, Amandine Schira (Styling), Christophe Ducharme (Architektur, www.c-ducharme-architecte.com); 70 Christophe Dugied, Caroline Mesnil (Styling), Véronique Piedeleu (Design, www.caravane.fr); 71 oben Jean-Marc Palisse, Caroline Clavier (Styling), Lacvivier & Limal (Architektur), Florence Lopez (Design); 71 unten Christophe Dugied, Barbara Divry (Styling), Jean-Yves Pannetier (Design); 72–75 Henri del Olmo, Caroline Guiol (Styling), Henry und Eric Steiner (Architektur, www.adrsarl.com); 76–79 Stephen Clément, Amandine Schira (Styling), Pierre Marmouget (Architektur); 80–85 Bernard Touillon, Laurence Botta-Delannoy (Styling), Gérard Faivre (Design); 86–89 Nicolas Millet, Noémi Barré (Styling), Frank Schmidt (Design); 90 links Guillaume de Laubier, Jacques Grange (Design); 90–91 Jean-Marc Palisse, Léa Delpont (Styling); 92 Nicolas Mathéus, Laurence Dougier (Styling), Emma Wilson (Design); 93 Henri del Olmo, Françoise Lefébure (Styling), Philippe Xerri (Design); 94–97 Nicolas Mathéus, Laurence Dougier (Styling), Irène Silvagni (Design); 98–101 Eric d'Hérouville, Marie-Maud Levron (Styling, www.lovelanecaravans.com); 102–107 Jean-Marc Palisse, Caroline Clavier (Styling, www.lestroisgarcons.com); 108–113 Jean-Marc Palisse, Alix de Dives (Styling), Sacha Walckoff (Design); 114–115 Nicolas Mathéus, Laurence Dougier (Styling), Christophe Ducharme (Architektur, www.c-ducharme-architecte.com); 116 Henri del Olmo, Caroline Guiol (Styling), Henry Roussel und Eric Steiner (Architektur, www.adrsarl.com); 117 Jean-Marc Palisse, Alix de Dives (Styling), Marion Méchet (Architektur); 118 Christophe Dugied, Caroline Mesnil (Styling), Véronique Piedeleu (Design, www.caravane.fr); 119 links Christophe Dugied, Caroline Mesnil (Styling), Véronique Piedeleu (Design, www.caravane.fr); 119 rechts François du Chatenet, Pascale de la Cochetière (Styling), Anouchka und Laurent Colin (Architektur und Design, www.handcraftanddesign.com); 120 oben Jean-Marc Palisse, Caroline Clavier (Styling), Brenda Altmayer und Sabine Van Vlaenderen (Architektur); 120 unten links Jean-Marc Palisse, Caroline Clavier (Styling), Lacvivier & Limal (Architektur), Florence Lopez (Design); 120 unten rechts Nicolas Mathéus, Laurence Dougier (Styling), Irène Silvagni (Design); 121 Jean-Marc Palisse, Aurélie des Robert (Styling), Stéphane Verdino und Frédérick Foubet-Marzorati (Design); 122 links und Mitte François Goudier, Marie Audhuy (Styling); 123 rechts Christophe Dugied, Barbara Divry (Styling), Jean-Yves Pannetier (Design); 124 links Guillaume de Laubier, Jacques Grange (Design); 124 rechts Jean-Marc Palisse, Léa Delpont (Styling); 125 links Patrick Van Robaeys, Stéphanie Boiteux-Gallard (Styling); 125 Mitte Nicolas Millet, Noémie Barré (Styling), Frank Schmidt (Design); 125 rechts Jean-Marc Palisse, Alix de Dives (Styling), Christophe Ducharme (Architektur, www.c-ducharme-architecte.com), Jean-Michel Wilmotte (Design); 126 oben links Frédéric Guigue und Bruno Suet, Caroline Guiol (Styling), Gérard Drouillet (Kunst); 126 oben rechts Nicolas Mathéus, Laurence Dougier (Styling), Antonio Virga (Architektur, www.antoniovirgaarchitecte.com); 126 unten links Nicolas Millet, Amandine Schira (Styling), Pierre Marmouget (Architektur); 126 unten rechts Bruno Suet, Francoise Lefébure (Styling); 127 oben links Bruno Suet, Francoise Lefébure (Styling); 127 oben rechts Eric d'Hérouville, Marie-Maud Levron (Styling), Aurélie Lécuyer (Design); 127 unten links François du Chatenet, Pascale de la Cochetière (Styling), Anouk Dossin (Design); 127 unten rechts Pierrick Verny, Muriel Gauthier (Styling, www.maison-collongue.com); 128 Pierrick Verny, Laurence Botta-Delannoy (Styling), Mark Mertens (Architektur, www.amdesigns.com); 129 oben links Stephen Clément, Amandine Schira (Styling), Pierre Marmouget (Architektur); 129 oben rechts Frédéric Vasseur, Laurence Dougier (Styling), Catherine Schmit (Design); 129 unten links Jean-Marc Palisse, Caroline Clavier (Styling), Brenda Altmayer und Sabine Van Vlaenderen (Architektur); 129 unten rechts François du Chatenet, Pascale de la Cochetière (Styling), Anouk Dossin (Design); 130 oben links François du Chatenet, Pascale de la Cochetière (Styling), Anouchka und Laurent Colin (Design, www.handcraftanddesign.com); 130 unten links Eric d'Hérouville, Marie-Maud Levron (Styling), Valérie Foster (Design); 130 unten Mitte Albert Font, Françoise Lefébure (Styling), Amelia Molina (Architektur); 130 unten rechts Jean-Marc Palisse, Caroline Clavier (Styling), Brenda Altmayer und Sabine Van Vlaenderen (Architektur); 131 Jean-Marc Palisse, Caroline Clavier (Styling), Étienne Herpin (Architektur), Chiara Monteleone-Travia (Design); 132 oben links Jean-Marc Palisse, Alix de Dives (Styling), Christophe Ducharme (Architektur, www.c-ducharme-architecte.com), Jean-Michel Wilmotte (Design); 132 unten links Bernard Touillon, Laurence Botta-Delannoy (Styling), Gérard Faivre (Design); 132 rechts Nicolas Mathéus, Laurence Dougier (Styling), Antonio Virga (Architektur, www.antoniovirgaarchitecte.com); 133 links Nicolas Mathéus, Laurence Dougier (Styling); 133 rechts Frédéric Guigue und Bruno Suet, Caroline Guiol (Styling), Gérard Drouillet (Kunst); 134 oben links Henri del Olmo, Caroline Guiol (Styling), Karine Striga (Architektur); 134 oben rechts Frédéric Guigue und Bruno Suet, Caroline Guiol (Styling), Gérard Drouillet (Kunst); 134 unten links Jean-Marc Palisse, Caroline Clavier (Styling), Lacvivier & Limal (Architektur), Florence Lopez (Design, www.florencelopez.com); 135 oben rechts Jean-Marc Palisse, Alix de Dives (Styling), Arnaud Caffort (Design); 135 unten Guillaume de Laubier, Jacques Grange (Design); 136 oben rechts François du Chatenet, Pascale de la Cochetière (Styling), Laure Vial du Chatenet (Design, www.maisoncaumont.com); 136 unten links Pia van Spaendonck, Marie-Maud Levron (Styling, www.un-jour-en-auvergne.com); 136 unten rechts Nicolas Mathéus, Laurence Dougier (Styling), Irène Silvagni (Design); 137 oben rechts Nicolas Mathéus, Laurence Dougier (Styling), Irène Silvagni (Design); 137 unten links Nicolas Mathéus, Laurence Dougier (Styling), Antonio Virga (Architektur, www.antoniovirgaarchitecte.com); 137 unten rechts Nicolas Mathéus, Laurence Dougier (Styling), Michel Peraches und Eric Miele (Design); 138 oben links Stephen Clément, Amandine Schira (Styling), Pierre Marmouget (Architektur); 138 unten links Nicolas Millet, Noémie Barré (Styling), Frank Schmidt (Design); 138 unten Mitte Jean-Marc Palisse, Caroline Clavier (Styling), Étienne Herpin (Architektur), Chiara Monteleone-Travia (Design); 138 unten rechts François du Chatenet, Pascale de la Cochetière (Styling), Laure Vial du Chatenet (Design, www.maisoncaumont.com); 139 Frédéric Guigue und Bruno Suet, Caroline Guiol (Styling), Gérard Drouillet (Kunst); 140 links Henri del Olmo, Caroline Guiol (Styling), Henry Roussel und Eric Steiner (Architektur, www.adrsarl.com); 140 rechts Nicolas Mathéus, Laurence Dougier (Styling), Emma Wilson (Design); 141 Jean-Marc Palisse, Léa Delpont (Styling); 142 Jean-Marc Palisse, Caroline Clavier (Styling), Lacvivier & Limal (Architektur), Florence Lopez (Design, www.florencelopez.com); 143 links Henri del Olmo, Caroline Guiol (Styling), Karine Striga (Architektur); 143 rechts François Goudier, Marie Audhuy (Styling); 144 Jean-Marc Palisse, Alix de Dives (Styling), Mark Homewood (Design, www.designersguild.com); 145 Henri del Olmo, Caroline Guiol (Styling), Karine Striga (Architektur); 146 oben rechts Nicolas Mathéus, Emmanuelle Ponsan (Styling, www.sources-caudalie.com); 146 unten links Jean-Marc Palisse, Agnès Benoit (Styling, www.roomshotel.ge); 146 unten rechts Pierrick Verny, Muriel Gauthier (Styling, www.maison-collongue.com); 146–147 Albert Font, Françoise Lefébure (Styling), Amelia Molina (Architektur); 147 links Nicolas Millet, Julie Daurel (Styling); 147 rechts Jean-Marc Palisse, Alix de Dives (Styling), Christophe Ducharme (Architektur, www.c-ducharme-architecte.com), Jean-Michel Wilmotte (Design); 148 Frédéric Vasseur, Laurence Dougier (Styling), Manfred Geserick (Design); 148–149 Jean-Marc Palisse, Aurélie des Robert (Styling), Stéphane Verdino und Frédérick Foubet-Marzorati (Design); 149 Frédéric Guigue, Bruno Suet, Caroline Guiol (Styling), Gérard Drouillet (Kunst); 150 links François du Chatenet, Pascale de la Cochetière (Styling), Anouk Dossin (Design); 150 rechts Christophe Dugied, Barbara Divry (Styling), Jean-Yves Pannetier (Design); 151 Christophe Dugied, Virginie Duboscq (Styling); 152 Bruno Suet, Françoise Lefébure (Styling); 153 Jean-Marc Palisse, Caroline Clavier (Styling), Bambi Sloan (Design); 154 links Nicolas Mathéus, Laurence Dougier (Styling), Emma Wilson (Design); 154 rechts Nicolas Mathéus, Laurence Dougier (Styling), Emma Wilson (Design); 155 links Jean-Marc Palisse, Caroline Clavier (Styling), Brenda Altmayer, Sabine Van Vlaenderen (Architektur);

155 rechts Pierrick Verny, Muriel Gauthier (Styling, www.maison-collongue.com); 156 Nicolas Mathéus, Laurence Dougier (Styling); 157 Nicolas Mathéus, Laurence Dougier (Styling); 158 links Jo Pesendorfer, Aurélie des Robert (Styling); 158–159 rechts Nicolas Millet, Julie Daurel (Styling); 159 links Nicolas Millet, Julie Daurel (Styling); 159 rechts Henri del Olmo, Caroline Guiol (Styling), Henry Roussel und Éric Steiner (Architektur, www.adrsarl.com); 160 oben links François du Chatenet, Pascale de la Cochetière (Styling), Anouk Dossin (Design); 160 unten links François du Chatenet, Pascale de la Cochetière (Styling), Anouk Dossin (Design); 160 rechts Guillaume de Laubier, Jacques Grange (Design); 161 François du Chatenet, Pascale de la Cochetière (Styling), Anouk Dossin (Design); 162 oben links Stephen Clément, Amandine Schira (Styling), Pierre Marmouget (Architektur); 162 unten links Stephen Clément, Amandine Schira (Styling), Pierre Marmouget (Architektur); 162 oben rechts Nicolas Millet, Noémie Barré (Styling), Frank Schmidt (Design); 163 Nicolas Millet, Noémie Barré (Styling), Frank Schmidt (Design); 164 oben links Nicolas Millet, Julie Daurel (Styling); 164 oben rechts Nicolas Millet, Julie Daurel (Styling); 164 unten links Jean-Marc Palisse, Alix de Dives (Styling), Mark Homewood (Design, www.designersguild.com); 164 unten rechts Jean-Marc Palisse, Caroline Clavier (Styling), Bambi Sloan (Design); 165 links Bernard Touillon, Laurence Botta-Delannoy (Styling), Gérard Faivre (Design); 165 rechts Bernard Touillon, Laurence Botta-Delannoy (Styling), Gérard Faivre (Design); 166 links Henri del Olmo, Caroline Guiol (Styling), Henry Roussel und Éric Steiner (Architektur, www.adrsarl.com); 166 rechts Christophe Dugied, Barbara Divry (Styling), Jean-Yves Pannetier (Design); 167 Nicolas Millet, Noémie Barré (Styling), Frank Schmidt (Design); 168 links Henri del Olmo, Caroline Guiol (Styling), Henry Roussel und Éric Steiner (Architektur, www.adrsarl.com); 168 oben rechts Christophe Dugied, Caroline Mesnil (Styling), Véronique Piedeleu (Design, www.caravane.fr); 168 unten rechts Patrick van Robaeys, Stéphanie Boiteux-Gallard (Styling); 169 links Jean-Marc Palisse, Caroline Clavier (Styling), Bambi Sloan (Design); 169 rechts Jean-Marc Palisse, Caroline Clavier (Styling), Bambi Sloan (Design); 170 oben links Frédéric Vasseur, Laurence Dougier (Styling), Catherine Schmit (Design), Raymond Hains (Kunst, Galerie W); 170 oben rechts Jean-Marc Palisse, Aurélie des Robert (Styling), Stéphane Verdino und Frédérick Foubet-Marzorati (Design); 170 unten links Jean-Marc Palisse, Alix de Dives (Styling), Marion Méchet (Architektur), Romano Zanotti (Kunst); 171 Frédéric Vasseur, Laurence Dougier (Styling), Catherine Schmit (Design), Pierre Dmitrienko (Kunst); 172 links Jean-Marc Palisse, Alix de Dives (Styling), Mark Homewood (Design, www.designersguild.com); 172 rechts Jean-Marc Palisse, Alix de Dives (Styling), Mark Homewood (Design, www.designersguild.com); 173 oben links Henri del Olmo, Caroline Guiol (Styling), Henry Roussel und Éric Steiner (Architektur, www.adrsarl.com); 173 oben rechts Frédéric Guigue, Bruno Suet, Caroline Guiol (Styling), Gérard Drouillet (Kunst); 173 unten rechts Jean-Marc Palisse, Alix de Dives (Styling), Arnaud Caffort (Design); 174–175 François du Chatenet, Pascale de la Cochetière (Styling), Laure Vial du Chatenet (Design, www.maisoncaumont.com); 176 links Nicolas Mathéus, Emmanuelle Ponsan (Styling, www.sources-caudalie.com); 176 Mitte Éric d'Hérouville, Marie-Maud Levron (Styling), Valérie Foster (Design); 176 rechts Nicolas Mathéus, Emmanuelle Ponsan (Styling, www.sources-caudalie.com); 177 Jean-Marc Palisse, Alix de Dives (Styling), Christophe Ducharme (Architektur, www.c-ducharme-architecte.com), Jean-Michel Wilmotte (Design); 178–179 Nicolas Mathéus, Laurence Dougier (Styling), Antonio Virga (Architektur, www.antoniovirgaarchitecte.com); 180 Nicolas Mathéus, Laurence Dougier (Styling), Christophe Ducharme (Architektur, www.c-ducharme-architecte.com); 181 Nicolas Mathéus, Emmanuelle Ponsan (Styling, www.sources-caudalie.com); 182–183 Bruno Suet, Françoise Lefébure (Styling); 184–185 François du Chatenet, Pascale de la Cochetière (Styling), Anouchka und Laurent Colin (Design, www.handcraftanddesign.com); 186 Jean-Marc Palisse, Alix de Dives (Styling), Mark Homewood (Design, www.designersguild.com); 187 Frédéric Vasseur, Laurence Dougier, Catherine Schmit (Design); 188–189 Jo Pesendorfer, Aurélie des Robert (Styling); 190 oben Nicolas Mathéus, Laurence Dougier (Styling), Emma Wilson (Design); 190 unten Nicolas Mathéus, Laurence Dougier (Styling); 191 Henri del Olmo, Françoise Lefébure (Styling), Philippe Xerri (Design); 192–193 Pierrick Verny, Laurence Botta-Delannoy (Styling), Mark Mertens (Design, www.amdesigns.com); 194 Nicolas Mathéus, Laurence Dougier (Styling); 195 oben Pia von Spaendonck, Marie-Maud Levron (Styling, www.villa-augustus.nl); 195 unten Nicolas Mathéus, Laurence Dougier (Styling); 196–197 Nicolas Mathéus, Laurence Dougier (Styling), Antonio Virga (Architektur, www.antoniovirgaarchitecte.com); 198 Jean-Marc Palisse, Alix de Dives (Styling), Mark Homewood (Design, www.designersguild.com); 199 links Bruno Suet, Françoise Lefébure (Styling); 199 rechts Christophe Dugied, Barbara Divry (Styling), Jean-Yves Pannetier (Design); 200–201 Corinne Schanté-Angelé, Marie Lacire (Styling), Ann Boutigny (Design); 201 Christophe Dugied, Virginie Duboscq (Styling); 202 links Jo Pesendorfer, Aurélie des Robert (Styling); 202 rechts Bernard Touillon, Laurence Botta-Delannoy (Styling), Gérard Faivre (Design); 203 Stephen Clément, Amandine Schira (Styling), Pierre Marmouget (Architektur); 204 oben links Pia van Spaendonck, Marie-Maud Levron (Styling, www.villa-augustus.nl); 204 oben rechts Nicolas Mathéus, Laurence Dougier (Styling), Emma Wilson (Design); 204 unten links Nicolas Mathéus, Laurence Dougier (Styling), Irène Silvagni (Design); 204 unten rechts Bernard Touillon, Laurence Botta-Delannoy (Styling), Gérard Faivre (Design); 205 oben rechts Henri del Olmo, Caroline Guiol (Styling), Karine Striga (Architektur); 205 unten rechts Nicolas Mathéus, Laurence Dougier (Styling), Irène Silvagni (Design); 205 unten rechts Nicolas Mathéus, Laurence Dougier (Styling), Irène Silvagni (Design); 206 Corinne Schanté-Angelé, Marie Lacire (Styling), Ann Boutigny (Design); 207 Christophe Dugied, Barbara Divry (Styling), Jean-Yves Pannetier (Design); 208 oben/unten Patrice Gavand, Julie Daurel (Styling), Karine Laurent (Design); 208–209 Éric d'Hérouville, Marie-Maud Levron (Styling), Christophe Bachmann (Architektur, www.lamaisonpavie.com); 210 Henri del Olmo, Françoise Lefébure (Styling), Philippe Xerri (Design); 211 Jean-Marc Palisse, Caroline Clavier (Styling), Bambi Sloan (Design); 212 Jean-Marc Palisse, Alix de Dives (Styling), Mark Homewood (Design, www.designersguild.com); 213 Stephen Clément, Amandine Schira (Styling), Pierre Marmouget (Architektur); 214 links Patrice Gavand, Julie Daurel (Styling), Karine Laurent (Design); 214 rechts Jean-Marc Palisse, Caroline Clavier (Styling, www.lestroisgarcons.com); 215 Nicolas Mathéus, Laurence Dougier (Styling), Michel Peraches und Eric Miele (Design); 216–217 Éric d'Hérouville, Marie-Maud Levron (Styling), Pascale Nivet (Design); 217 Henri del Olmo, Caroline Guiol (Styling), Henry Roussel und Éric Steiner (Architektur, www.adrsarl.com); 218 links Pia van Spaendonck, Marie-Maud Levron (Styling, www.villa-augustus.nl); 218 rechts François du Chatenet, Pascale de la Cochetière (Styling), Anouchka und Laurent Colin (Design, www.handcraftanddesign.com); 219 François du Chatenet, Pascale de la Cochetière (Styling), Anouchka und Laurent Colin (Design, www.handcraftanddesign.com); 220 links François du Chatenet, Pascale de la Cochetière (Styling), Laure Vial du Chatenet (Design, www.maisoncaumont.com); 220 rechts Nicolas Millet, Julie Daurel (Styling); 221 Nicolas Millet, Julie Daurel (Styling); 224 Bénédicte Ausset-Drummond, Catherine Cornille (Styling);